倾听的艺术

高效沟通从学会倾听开始

［美］凯特·墨菲
（Kate Murphy）
| 著

赵亚男 | 译

You're Not Listening

What You're Missing and
Why It Matters

中信出版集团|北京

图书在版编目（CIP）数据

倾听的艺术：高效沟通从学会倾听开始/（美）凯特·墨菲著；赵亚男译.-- 北京：中信出版社，2024.1
ISBN 978-7-5217-5895-5

Ⅰ.①倾… Ⅱ.①凯… ②赵… Ⅲ.①心理交往—通俗读物 Ⅳ.① C912.1-49

中国国家版本馆 CIP 数据核字（2023）第 151268 号

You're Not Listening
Copyright © 2019 by Kate Murphy
Published by arrangement with Aevitas Creative Management, through The Grayhawk Agency Ltd.
Simplified Chinese translation copyright © 2024 by CITIC Press Corporation
ALL RIGHTS RESERVED
本书仅限中国大陆地区发行销售

倾听的艺术——高效沟通从学会倾听开始
著者：　［美］凯特·墨菲
译者：　赵亚男
出版发行：中信出版集团股份有限公司
　　　　（北京市朝阳区东三环北路 27 号嘉铭中心　邮编　100020）
承印者：　河北鹏润印刷有限公司

开本：880mm×1230mm 1/32　　印张：11　　字数：186 千字
版次：2024 年 1 月第 1 版　　　　印次：2024 年 1 月第 1 次印刷
京权图字：01-2020-1048　　　　　书号：ISBN 978-7-5217-5895-5
定价：69.00 元

版权所有·侵权必究
如有印刷、装订问题，本公司负责调换。
服务热线：400-600-8099
投稿邮箱：author@citicpub.com

致

所有经历过误解或被误解的人

专家推荐

在现代社会，倾听是一项至关重要的技能，所以我建议你首先倾听这本书。

——采铜　心理学博士、畅销书《精进》作者

听说读写是人类的高级认知能力，然而，过去我们太重视说，而非倾听。感谢作者撰写的这本书，此书一方面荟萃了来自认知科学、神经科学与心理科学等领域的关于倾听的前沿研究，比如会话敏感性、认知复杂性与倾听的关系；另一方面，作者以幽默的文风，陈述了自己在工作与生活中接触过的形形色色的关于倾听的故事。阅读此书的过程，也是一次倾听作者的旅程，期待你开卷有益。

——阳志平　安人心智董事长、心智工具箱公众号作者

人之患在好为人师，好为人师的主要表现就是表达自己而非倾听他人。每个人都知道，不是谁都会好好说话，这需要锻炼。但不是所有人都知道，不会倾听的人比不会说话的人更多。这本书用诸多心理学知识和传播研究告诉我们在交流中听的重要性，这其实对我们如何说也大有裨益，一听一说即交流。我相信这本书一定能有益于读者的日常交流与沟通。

——喻丰　武汉大学哲学学院心理学教授、博士生导师

我们读过很多关于如何表达以实现有效交际的书，但很少思考倾听他人的重要性。其实，无论是在亲密关系、人际沟通，还是在工作对接中，倾听都十分关键。给别人以尊重，对世界保持好奇，耐心倾听才能学会好好说话。

——闪光少女斯斯　纪录片导演、微博头部大 V

作者简单而深刻的论点一下子吸引了我——虽然倾听是沟通、创新、成长和爱的基础，但很少有人真正知道如何正确地倾听，或者从哪里开始倾听。这是一本极具吸引力和启发性的书，它为读者提供了一张路线图，告诉我们如何去倾听，以及为什么倾听对我们的沟通、工作和生活如此重要。

——金·斯科特　畅销书《绝对坦率》《公平工作》作者

如果你和大多数人一样，不经常倾听，也不善于倾听，没有人比一位才华横溢的记者更有资格向你介绍正确的思维方式和技能组合，而本书正是以科学和幽默的方式做到了这一点。

——亚当·格兰特　沃顿商学院组织心理学教授

这是我们这个时代必不可少的一本书。我们如何倾听，决定了我们如何去爱、学习和相互联系。在这个我们比以往任何时候都更需要倾听和被倾听的时刻，这本发人深省、引人入胜的书向我们展示了如何倾听。

——洛莉·戈特利布　美国心理治疗师

在这个时代，科技让我们比以往任何时候都更容易相互交流，但矛盾的是，我们变得更不善于倾听。幸运的是，作者教会了我们如何重拾这项重要的技能。这本书改变了我与对我重要的人沟通的思维方式。

——卡尔·纽波特　麻省理工学院计算机科学博士、畅销书作家这本生动的书为倾听发出了慷慨激昂的呼吁——这是一本具有启发性和发人深省的书，它将帮助读者思考他们提出问题和做出回应的方式，从而建立亲密关系。

——《金融时报》

这本书具有强烈的现实意义，它既是对倾听问题的耐人寻味的建设性思考，也是一本很好的沟通手册。作者充满智慧，其观点发人深省。倾听是当别人对你真正感兴趣的时候那一刻的默契和理解，让双方都印象深刻。我们每个人都可以做到这一点。

——《泰晤士报》

这是一本非常有趣的指南，它指导我们如何去做一些我们认为自己会自动去做，但在大多数情况下做得很糟糕的事情……倾听的艺术其实就是做人的艺术。

——《卫报》

通过具体的建议和大量的指导，读者将获得更好的方法技巧，无论是在会议室还是在家里，这种方法都非常有用。在这个被社交媒体所主导的时代，倾听既是一剂良药，也是一种解决方案。

——《书单》

从传播学研究者到普通读者，这本内容翔实、论据充分的书将促使读者重新审视其倾听他人（无论是个人还是集体）的方式，并思考不这样做的诸多负面影响。

——《图书馆杂志》

这本书再及时不过了,令人印象深刻,好读又有趣。作者以有趣而令人信服的方式提醒我们,为什么倾听如此重要,尤其是现在。

——《观察家报》

作者在这本书中指出了一个令人不安的事实:我们可能擅长引导对话,但可能不太擅长接受对话。

——《独立报》

倾听的 12 个关键技巧

1. 保持开放和好奇。如果你对"自己可能是错的,或者至少不是完全正确"的可能性保持开放的心态,那么你将从谈话中获得更多的东西。好奇心是一种渴望去了解别人的世界观,也是一种惊奇于别人所说的经历并从中学习的期望。

2. 避免假设陷阱。我们在倾听对方时会产生一系列不同的偏见,但这些偏见也根植于错误的假设。最明显的是确认偏差和预期偏差,这源于我们对有序性和一致性的渴望。倾听可以让你避免落入这些陷阱,倾听会给你意想不到的结果。

3. 学会倾听潜在信息。学会倾听对方的话语、思想、情感基调、个人意向,甚至是说话者都没有意识到的东西。积极倾听更多的是开启一种接受模式,而不是做一些表面文章。我们要超越"仅仅回应事件本身"的层面,这只是在某种程度上重复我们所接收的信息。

4. 引导你的注意力。做一个好的倾听者意味着要有效利用你的"带宽",加倍努力地去理解和感知别人在说什么,而不是在思维上开小差。你不仅要听对方在说些什么,还要用你过剩的脑力去注意对方的肢体语言和语调变化,同时考虑上下文和说话动机。

5. 驾驭分歧。倾听并不意味着，也不表示你同意某人的观点。它只是意味着你接受了他人观点的正当性，并且有可能从中学到一些东西。这也意味着你接受了多种真理并存的可能性，并且能够理解所有这些真理可能会引出一个更大的真理。好的倾听者知道理解力不是二元的，并不是只有"有"和"无"两种状态。你的理解力总是处于不断提升之中。

6. 倾听自己。你对自己说话的方式会影响你听别人说话的方式。当我们需要解决问题、应对道德困境，以及创造性地思考时，我们就可以向自己提问，然后自己给出回答和意见。内心的对话有助于培养和支撑认知的复杂性，这是一项宝贵的能力，它能够使你吸纳各种观点，建立关联，并提出新的想法。

7. 支持对话，而不是转移对话。倾听帮助我们从虚构中甄别事实，并加深我们对生活中的复杂情况和复杂性格的理解。不管我们身处哪个社交圈，这些都是我们获得材料、收集信息和建立联系的方式。

8. 管理分心。你需要安静，不受打扰。无论谈话是长是短，是公是私，是争论还是心平气和的聊天，你都应该创造一个安静的环境，或者在周围的喧闹中找一个比较安静的地方，这样你就可以更好地与人交流，了解他们的出发点。

9. 倾听停顿和沉默。要成为一个好的倾听者，就要接受间隙和沉默。当对方停顿时，你只要等待即可。给对方一个机会，让他们接着刚刚的话题继续说下去。一些最有趣和最有价值的信息不是来自我的提问，而是来自我的沉默。

10. 听八卦具有积极影响。听八卦可以帮助我们成为有伦理道德的社会成员。谈论别人是观察学习的延伸，使你能够从认识的人甚至是你不认识的人所经历的成功和磨难中学到东西。

11. 创建反馈回路。在最理想的情况下，交谈是一个不断地通过倾听获得反馈的循环过程，人们在反馈中知道自己应该说什么和怎么说。当谈话双方都很用心、很投入时，这就像一场美妙的舞蹈，无论你们两人之中谁在说话，另一个人都会专注地倾听对方。

12. 知道何时停止倾听。作为一个好的倾听者，你要知道自己的能力局限并设定好边界。如果你是出于脑力或情绪的原因不去倾听，这是人之常情。在这种情况下，最好是退出对话，稍后再回来。有时你不得不承认，尽管你很努力，但还是无法倾听别人。

目 录

引 言 / VII

现代社会鼓励我们倾听自己的内心,了解心之所向,却很少有人鼓励我们认真、用心地倾听他人。

第1章

人类的天性:糟糕的听众 / 001

用心地倾听某人说话是一项技能,许多人似乎已经忘记或者可能从未学习过这项技能。

第2章

充满意义的联结:为什么要培养倾听能力 / 021

倾听可以帮助你了解自己,同时了解你的倾听对象。

第3章

倾听你的好奇心:为什么最好的特工是最棒的倾听者 / 037

好奇心是一种渴望去了解别人的世界观,也是一种惊奇于别人所说的经历并从中学习的期望。换句话说,这是一种没有预设的情况,即你不知道别人会说什么,更不用说你知道得更多了。

第 4 章

最熟悉的陌生人：没有人和昨天的自己完全相同 / 051

日常互动和活动的总和效应不断地塑造着我们，并细微地改变着我们对世界的理解。因此，没有人与昨天的自己完全相同，今天的我们也不会与明天的自己相同。

第 5 章

不可错失机会：读懂话语的情感基调和意味 / 067

倾听能帮助你了解人们的思维模式和动机，这对建立合作和富有成效的人际关系是至关重要的，同时让你了解最好要避免哪种人际关系。

第 6 章

**像乌龟一样说话，像兔子一样思考：
"语音—思维"差异** / 079

如果你总是担心接下来要说什么，结果反而对你不利。如果你能聚精会神地倾听，你的应答会更恰当，你与对方的联系会更紧密，而你也会感到更自在。

第 7 章

接受多种真理并存的可能性：你的不安感从何而来 / 089

只有允许自己的信念被质疑，我们才能进一步验证它的正确性。自信的人不会被不同的观点激怒，也不会在网上横加驳斥，发泄怒气。

第 8 章

什么是最重要的事情：大数据时代的倾听 / 103

当研究涉及人与人之间的互动，以及预测个人的独特动机、倾向和潜力时，倾听是迄今为止最好、最准确的工具。

第 9 章

即兴互动中的倾听：获得非凡的洞察力 / 119

要想在即兴喜剧和即兴发挥的现实生活中取得成功，倾听是至关重要的一个环节。

第 10 章

会话敏感性：察觉对话中的真正信息 / 133

具有会话敏感性的人不仅会注意说话的内容，还能发现语调中的隐藏含义和细微差别。

第 11 章

倾听你自己：萦绕内心的声音 / 151

我们的脑海里都会萦绕着各种声音。事实上，我们经常和自己谈论一些平凡却可能意义深远的事情。

第 12 章

支持型对话 vs. 转移型对话 / 161

解决问题的方法通常已经存在于人们的心里，只需倾听，你就能帮助他们找到当前以及未来处理事情的最佳方法。

第 13 章

锤骨、砧骨和镫骨：将声波转化为脑电波 / 181

你用哪只耳朵去听，有可能决定着你是更能理解语言的含义，还是语言中蕴藏的情感。

第 14 章

分心上瘾 / 203

这种因害怕错过而产生的强迫行为，让我们的注意力难以持续，并使倾听或任何需要思考的任务变得困难起来。

第 15 章

沉默的馈赠 / 217

要成为一个好的倾听者，就要接受间隙和沉默。你如果过早地（更不要说先发制人地）填补了这些间隙和沉默，就会妨碍对方坦白一些他可能难以开口的事情。

第 16 章

倾听中的道德：为什么八卦对你有好处 / 229

倾听不仅可以让我们学习如何成为有道德的社会成员，其本身也是一种美德，使我们配得上最有价值的信息。

第 17 章

设定边界：何时你应该拒绝倾听 / 241

有时你需要做出决定，拒绝倾听。虽然每个人都可以让你学到点东西，但这并不意味着你必须倾听每一个人，直到他们喘不过气来为止。

结束语 / 261

只有放慢脚步，花时间去倾听，我们才能获得生活中最渴望的东西——理解和被理解。

致　谢 / 269

注　释 / 271

引 言

你最近一次倾听别人讲话是什么时候？我指的是真正地倾听，而不是在想自己接下来要说些什么，或低头去看手机，或插话发表自己的意见。最后一次有人真正地倾听你是什么时候？我指的是用心地倾听，恰当地给予回应，让你觉得对方确实理解了你的意思。

现代社会鼓励我们倾听自己的内心，了解心之所向，却很少有人鼓励我们认真、用心地倾听他人。相反，我们对他人听而不闻，却经常在鸡尾酒会、工作会议，甚至家庭聚餐上与他人相谈甚欢。我们想引领谈话，而不是倾听对方。无论是在网上，还是面对面的时候，我们都在表达自我，设定节奏，赢得关注。我们看重的是投射信息，而不是接收信息。

然而，"听"或许比"说"更有价值。缺乏倾听可能会带来战争的硝烟、财富的损失、友谊的毁灭。美国前总统卡尔文·柯立芝有句名言："从来没有人因为倾听而失去工作。"[1] 只有通过倾听，我们才能参与其中，理解对方，建立联系，产生共情，获得发展。这是成功建立所有关系——个人关系、职业关系和政治关系的基础。古希腊哲学家爱比克泰德就曾说过:"大自然给了我们两只耳朵、一张嘴巴,好让我们听的比说的多一倍。"[2]

令人吃惊的是,虽然高中和大学都有辩论队以及修辞学与说服力的课程,但很少或者从未有过教如何认真倾听的课程或活动。你可以攻读言语交际方面的博士学位,并参加演讲会俱乐部来提升你的演讲能力,但在强调和鼓励倾听方面,你找不到相应的学位或培训。如今,那些在舞台上手持麦克风,或者在发言台后面讲话的人俨然成为权威和成功人士的象征,以至发表TED演讲或毕业演说都成了一种梦想。

社交媒体让每个人都可以通过虚拟扩音器来传播各种思想,同时过滤掉一切相反的观点。人们觉得电话会打扰自己,并且拒收语音邮件,他们更喜欢文字交流或无言的表情符号。人们即使在倾听,也很可能是通过耳机在听。他们安于待在自己营造的声音环境中。电影的音轨就是他们封闭的生活。

这将导致一种逐渐蔓延的孤立和空虚感,这种感觉会让人们更加频繁地滑动屏幕、敲打键盘和点击鼠标。数码设备占据了我们的大脑,却不能滋养心灵,更不要说培养深厚的情感了。当他人的声音在我们的骨骼和心灵中产生共鸣时，才会有情感的生发。真正的倾听，是我们因他人的叙述而产生身体感知、化学反应、情感触动和理性回应的时刻。

这一本颂扬倾听艺术的书也是一首哀歌，哀叹倾听这门艺术似乎正在我们的文化中消失。作为一名记者，我做过无数次采访，采访对象有诺贝尔奖得主，也有无家可归的孩童。我认为自己是一个专业的倾听者，但我也有不足之处，这就是为什么这本书也是一本提高倾听技巧的指南。

为了写这本书，两年来，我花了大部分时间钻研与倾听相关的学术研究，包括生物力学和神经生物学进程，以及心理学和情感效应。我桌上放着一个闪闪发光的外置硬盘，里面装着数百个小时的采访资料，受访者来自世界各地——从美国爱达荷州首府博伊西到中国北京，他们有的对倾听的某个方面颇有研究，有的像我一样从事倾听工作。这些人包括间谍、牧师、心理治疗师、调酒师、人质谈判专家、理发师、空中交通管制员、广播制作人和焦点小组主持人。

我还回访了自己多年来评论或采访过的一些最有成就、最有修养的人——演艺人员、首席执行官、政治家、科学家、经济学家、时装设计师、职业运动员、企业家、厨师、艺术家、作家和宗教领袖，我询问"倾听"对他们意味着什么，什么时候他们最愿意倾听，有人倾听他们诉说时是什么感觉，没人倾听时又是什么感觉。还有那些在飞机、公共汽车或火车上碰巧坐在我旁边的人，我在餐馆、晚宴、棒球比赛、杂货店或者出去遛狗的时候遇到过的人，我对倾听的一些最有价值的见解来自倾听他们。

你在读这本书时会像我一样发现，倾听不仅是听人们说些什么，还要关注他们说话的方式，说话时的动作、场合，以及他们讲的话如何在你心中产生共鸣。倾听不仅是在别人滔滔不绝的时候保持沉默。恰恰相反，很多时候你要在倾听时做出反应，并尽可能地引导对方清晰地表达想法，同时在此过程中亮明自己的观点。只要做好这一点并经过成熟的思考，你就可以通过倾听改变对周围人和世界的看法，这必然会丰富和提升你的经验与存在本身。你可以通过这种方式来提升智慧并建立有意义的人际关系。

我们每天要么倾听，要么不听。我们可能把倾听视为理所当然的事情，但如何倾听、倾听对象是谁、在什么情况下倾听，这些都决定了你的人生道路。从广泛的意义上来说，人们倾听或缺乏倾听的行为，都深刻地影响着我们的政治、文化和社会。我们每个人所关注的事情构成了我们生活的总和。母亲抚慰的声音、爱人的低语、导师的指导、主管的训诫、领导者的召集、对手的嘲弄都在塑造我们。心不在焉地倾听、有选择性地听或者根本不听，都会限制你对世界的理解，使你无法成为最好的自己。

第 1 章

人类的天性:糟糕的听众

我坐在卧室壁橱里采访奥利弗·萨克斯。由于我的房子临街，所以这个壁橱成了我能找到的最安静的地方。在那里，我盘腿坐在黑暗中，一边把下垂的衣裙和裤腿从我的头戴式耳机的耳机线上拨开，一边与这位著名的神经学家兼作家进行交谈。他最著名的回忆录曾被拍成了同名电影《无语问苍天》，主演是罗宾·威廉姆斯和罗伯特·德尼罗。

这次采访是为了在《纽约时报》的《周日评论》专栏中探讨他最喜欢的书籍和电影。[1] 然而，我们把法国诗人波德莱尔抛在了脑后，一头扎进了对于幻觉、白日梦等现象的讨论中，萨克斯将这些影响他的现象诗意地称为"精神气候"。就在我的狗抓挠壁橱的门时，萨克斯描述了他自己的"精神气候"。由于患有脸盲症，他有时甚至认不出自己的倒影。[2] 他还说自己没有方向感，以至即使在家附近散步也很难找到回家的路。

那天我们都很忙。除了完成这个专栏，我还要为《纽约时报》撰写一则新闻稿。萨克斯也是在看望病人、教学和讲座的间隙中挤出时间与我交谈的。但我们彼此都沉浸在谈话之中，还一度用自然现象的隐喻来交流感受：充满阳光的前景、雾蒙蒙的理解、灵感的闪电、创造力的干涸、欲望的洪流。虽然我一直坐在黑暗的壁橱里，但在倾听他的讲话时，我看到了不时闪现的洞见、发现、创意、幽默和同理心。萨克斯于 2015 年去世，也就是在我们交谈的几年之后，但我们的谈话犹在我耳边。

作为《纽约时报》的特约撰稿人和其他新闻媒体的临时通讯记者，我有幸聆听了许多人的真知灼见，其中包括像奥利弗·萨克斯这样才华横溢的思想家，以及从时装设计师到建筑工人等不太知名但同样富有洞察力的智者。他们毫无例外地拓展了我的世界观，增强了我的理解力，还有许多人深深地打动了我。人们形容我是那种和谁都谈得来的人，其实我是善于倾听任何人的讲话。作为一名记者，我觉得这项能力很有用。我最出色的故事创意往往来自一些漫不经心的交谈，谈话对象也许是一个在街上铺设光缆的人、我的牙医诊所里的一名护士，或者我在寿司店遇到的一个转行做牧场主的金融家。

我在《纽约时报》上报道的许多新闻都登上了转发量最大、读者最多的榜单。这并不是因为我揭发了某位有权势的人物或揭露了某件丑闻，而是因为我会倾听人们谈论那些令他们开心、悲伤、激动、烦恼、担忧或困惑的事情，然后尽我所能地阐述和拓展他们所说的故事。同样，你在做很多事情之前都需要倾听，比如设计一款成功的消费产品，提供一流的客户服务，雇用并留住最好的员工，或者推销任何东西。同样，倾听可以让你成为一个好朋友、好伴侣或好家长。一切都关乎倾听。

在我撰写的数百则新闻稿中，每个新闻报道中也许会引用四五个人的话，而我可能会和一二十个人进行交谈，以获得确证、获取背景信息或核查真相。但我和奥利弗·萨克斯的壁橱谈话表明，最难忘、最有意义的不是那些打开话题或抓取故事的采访，而是那些抛开话题、走进内心的访谈——或许是关于一段关系、紧紧握持的信念、恐惧，或者是一些有意义的事件。此时人们通常会说"我以前从未告诉过任何人"或者"直到说出来我才意识到自己这样想"。

有时候，这些都是极其私密的表露，而我曾经，或许现在仍然是唯一的知情人。他们似乎和我一样对我们之间的关系感到惊讶。我们都不知道自己是如何抵达那个时刻的，但是那一刻感觉很重要、神圣不可侵犯。这是一种被共同信任包裹着的共同顿悟，感动并改变了我们双方。倾听创造了契机，起到了催化剂的作用。

在现代生活中，这样的时刻越来越少。人们过去常常坐在前廊和篝火旁边倾听彼此的故事，而现在我们忙忙碌碌、心不在焉，无意向对方的思想和感情深处探索。查尔斯·里根·威尔逊是美国密西西比大学历史和南方研究的荣誉退休教授，他曾打电话问短篇故事作家兼小说家尤多拉·韦尔蒂为什么南方涌现出了这么多伟大的作家。"亲爱的，"她回答说，"除了坐在门廊上聊天，我们没有别的事情可做，有些人就把他们听到的东西写了下来。"

现代化的居所很少设置前廊，取而代之的是朝向前方的车库。在忙碌的一天结束时，这些车库会"吞掉"人们的汽车。还有的人住在各不相干的公寓里，即使同乘电梯也相互无言。如今，当你在大多数居民区漫步时，已经不太可能看到有人倚在栅栏上向你挥手致意了。生命的唯一迹象只有楼上窗户里电脑或电视屏幕的蓝光。

过去，我们会单独或亲自与亲友联系，而现在我们更多的是在社交媒体上发消息、推文或帖子。今天，你可以同时与数十、数百、数千甚至数百万的人进行交谈，然而，你有多少次有时间或意愿与他们中的某个人进行深入的、拓展性的、面对面的交谈呢？

在社交场合，我们会拿着手机传看照片，而不是描述自己的见闻或经历。我们会分享网络上爆红的恶搞视频和YouTube（优兔）视频，而不是说说笑笑。如果出现意见分歧，搜索引擎就是仲裁者。倘若有人说了一个超过30秒钟的故事，人们就会低下头，他们不是在沉思，而是在看手机消息、查看赛事比分，或者浏览网络热点。倾听他人的能力已经为排斥他人的能力所取代,尤其是在别人与我们意见不一致或者没有快速领会我们的意思时。

无论是采访普通人、首席执行官还是知名人士,我常常能够感觉到他们在别人听自己讲话时很不自在,仿佛这是一种很奇怪的体验。当我饶有兴趣地给予回应并鼓励他们继续讲时,他们似乎颇为惊讶。这之后,他们会明显地放松下来,并且更加用心、透彻地做出回应,因为他们知道我不会催促他们、打断他们或者径自去看手机。我猜测这就是为什么在我没有要求并且与采访主题无关的情况下,有这么多人愿意和我分享内心那些柔软的东西。他们终于找到了我这个倾听者。

人们因无人倾听自己而感到孤独。心理学和社会学研究人员警告称,孤独已经成为美国的流行病。专家称之为公共健康危机,因为被孤立和分离的感觉会增加个人过早死亡的风险,就像肥胖和酒精中毒的叠加作用一样。[3] 其对健康造成的负面影响比每天抽 14 支烟还要严重。事实上,流行病学研究已经发现了孤独与心脏病、中风、痴呆症和免疫功能低下的相关性。

一个匿名者的出现或许是当前孤独泛滥的先兆。早在 2004 年,就在互联网开始占据人们的生活时,一个匿名者发了一个帖子:"我很孤独，有人跟我说话吗？"[4]在一个没有多少人知道的在线聊天室里，他的苦闷像病毒一样传播开来，进而获得了大量的回应和媒体关注。由这个帖子引发的类似帖子至今仍见于多个在线论坛。

通过阅读这些帖子，你会注意到许多人感到孤独，并非因为其孤单一人。有个人写道："我每天都被这么多人包围着，但奇怪的是，我觉得自己和他们没有联系。"孤独的人找不到可以分享自己想法和感受的人，同样重要的是，也没有人和他们分享自己的想法和感受。请注意，最初那个发帖者是希望有人能跟他说话。他并不想说给别人听，他希望听别人说。关系的建立必然是双向的，对话中的每一方都要倾听并领会对方所说的话。

自从2004年的那个帖子发出后，感到孤独和寂寞的人数一直在攀升。2018年，在对2万名美国人进行的一项调查中，几乎有一半人表示，他们并不参加那些有意义的面对面的社交互动，比如每天与朋友进行一次长时间的交谈。[5]大约同样比例的人表示，即使有其他人在身边，他们也经常感到孤独和被人忽视。而在20世纪80年代，类似的研究发现只有20%的人表示他们有这种感觉。[6]如今，美国的自杀率达到30年来的最高水平，自1999年以来上升了30%[7]，美国人的预期寿命正处于下降趋势[8]，这与自杀、阿片类药物成瘾、酒精中毒和其他通常与孤独相关的所谓苦恼类疾病息息相关。[9]

这种情况不光出现在美国，孤独已经成为世界性现象。世界卫生组织的报告称，在过去的45年里，全球自杀率上升了60%。[10] 根据2017年的一份政府委托报告[11]，英国于2018年采取行动，任命了一名"孤独大臣"[12] 来帮助900万经常或总是感到孤独的英国公民。在日本，像"家庭罗曼史"这样的公司越来越多，它们雇用演员来扮演孤独者的朋友、家人或浪漫伴侣。[13] 服务安排中不包含性的内容，顾客只为自己受到关注而付费。例如，如果一位母亲与其亲生儿子很疏远，她可能就会租一个儿子去看望她。单身汉可能会租一个妻子，在他下班回家时问他这一天过得怎么样。

孤独对每个人都一视同仁。[14] 最新的研究表明，孤独感在男女之间或种族之间没有重大差异。然而，作为在社交媒体环境中长大的第一代人，Z世代（1995—2005年出生的人）的确最有可能感到孤独，他们还自称健康状况比包括老年人在内的其他几代人都更差。自2008年以来，因意图或试图自杀而住院的学龄儿童和青少年人数增加了一倍还要多。[15]

很多报道已经指出，如今的青少年不太热衷于约会、和朋友出游、考取驾照，甚至没有父母陪伴就不愿走出家门。[16] 他们更多的时候都在独处。心情低落、神情忧郁，这都是电子设备产生的效应。研究表明，使用屏幕设备的时间越长，不快乐的程度就会越高。频繁使用社交媒体的初中生患临床抑郁症的风险增加了 27%。与那些在 Facebook（脸书）、YouTube 和 Instagram（照片墙）等社交平台上花费更少时间的同龄人相比，他们感到不快乐的可能性增加了 56%。同样，一项对沉迷电子游戏的青少年进行研究的荟萃分析显示，这些人更有可能患上焦虑症和抑郁症。[17]

为了战胜孤独，人们得到的建议是："走出去！"即加入一个俱乐部，参加一项运动，做志愿者，请人吃饭，参与集体活动。也就是离开 Facebook，去面对面地与人交流。但如前所述，人们经常在人群中感到孤独，那么你在"走出去"和"面对面"后应该如何与人交流呢？你要做一个倾听者。这个做起来不像听起来那么简单。用心地倾听某人说话是一项技能，许多人似乎已经忘记或者可能从未学习过这项技能。

糟糕的倾听者不一定是坏人。你的好友、家人或者伴侣都可能是一个糟糕的倾听者。也许你自己也不善于倾听，这是可以理解的，因为很多因素消磨了你的倾听意愿。回想一下你小的时候，如果父母说

"听我说！"（也许这时紧紧抓住了你的肩膀），那么接下来很有可能是你不愿听到的事情。当你的老师、少年棒球联盟教练或营地辅导员向你示意"听好了"时，接下来通常是一堆规则、指示和令你感到扫兴的限制。

当然，媒体和大众文化也没有宣扬倾听的美德。新闻和周末的脱口秀节目通常都是力求"压倒对方"的高声争论，而不是礼貌恭敬地探讨不同的观点。深夜谈话节目更多的是独白和插科打诨，主持人不在乎嘉宾说些什么，也无心将泛泛而谈推向有深度的对话。在早间和日间节目中，采访内容通常都是由公关人员和公共关系顾问进行编排的，主持人和嘉宾基本上都是在说一些事先准备好的台词，而不是真正地进行交流。

电视和电影中的戏剧对白也经常是装腔作势、自说自话的，而不是饱含倾听的自然交流。比如被誉为对白大帅的编剧阿伦·索尔金，他创作的人物在《白宫风云》、《好人寥寥》和《社交网络》中就频繁出现令人窒息的戏谑和口水战。他那些边走边谈的场景和史诗般的交锋在 YouTube 上有无数的选集，它们不但具有感官冲击力，而且满是精彩的台词——"你承受不了真相"。[18] 但谈到如何倾听、互动，展开一场有意义的对话，这些就没有什么指导意义了。

当然，这一切都源于阿尔冈昆圆桌会议哗众取宠的会话传统——20世纪20年代，一群作家、评论家、演员每天都在曼哈顿的阿尔冈昆酒店共进午餐，这些人相互打趣，玩文字游戏，还会说一些妙言妙语。他们能言善辩、语言犀利，大众媒体对其做了广泛报道，并在全美范围内引起关注。或许直到今天，人们依然认为这才是机智、巧妙的对话典范。

然而，此圆桌会议的许多常规成员都是极度孤独和沮丧的人，尽管他们几乎每天聚会，都是活跃团体中的一员。[19] 例如，作家多萝西·帕克曾经三次自杀未遂。[20] 戏剧评论家亚历山大·伍尔科特也被自我厌恶困扰[21]，以致他在心脏病发作去世前不久表示："我从来没有什么可说的。"而在当时，圆桌会议成员并不是一个相互倾听的团体。他们彼此间无意进行真正的交流，只是在等待一个缺口，等待某人喘口气的机会，这样自己就可以插话了。

多萝西·帕克晚年的时候对此有了更深的认识，她说："圆桌会议只不过是许多人聚在一起讲段子，并告诉对方自己过得有多好。他们只是一群高声炫耀的人，积攒了好几天的俏皮话，等着有机会一吐为快。他们说的任何话都不真实。这就是可怕的玩笑日，没有任何真相可言。"[22]

美国的政治领导人也不善于倾听。以美国国会听证会的场面为例，与其说是听证会，不如说是参议员和代表在目空一切地发表意见，迎合、惩罚、斥责或以其他方式中途截断那个在他们之前讲话的可怜人。国会听证笔录中最常见的就是"串扰"一词，这说明所有人都在互相交谈，以至辩论记录员都弄不清谁在说话。

英国的"首相问答"也是如此，这是议会下议院议员每周向首相提问的宪政传统。与其说它是一种倾听活动，不如说是表演。这种表演已经变得如此极端，以致许多议员都不再参与这个环节。下议院前议长约翰·伯科曾对BBC（英国广播公司）表示："我认为这是一个很现实的问题。许多练达、敢言的议员都在说'这太糟糕了，我不想参加，也不想出现，我为此感到尴尬'。"[23]

自吹自擂的风气在一定程度上造成了美国国内外持续的政治动荡与分裂，因为人们越发感到自己与当权者脱节并遭到忽视。这些感觉似乎很有道理，而政治领导人、主流媒体和社会上层都被选举结果中暴露出来的不满情绪震惊了，其中最明显的就是2016年英国投票决定退出欧盟。选民相当于通过选票投掷了一枚手榴弹来引起本国领导人的注意，这个情形很少有人能够预见。

事实证明，与真正倾听社区民众的心声、了解他们日常生活的现状以及驱动他们做出决定的价值观相比，民意调查是一个糟糕的替代品。如果政治预测人士能够更仔细、更批判、更广泛地听取民众意见，结果就不会那么出人意料了。来自非代表性样本（这里的样本指的是那些会接听未知电话的人和诚实回答民意调查者问题的人）的数据往往具有误导性。[24] 严重依赖社交媒体来衡量公众情绪的媒体报道也是如此。

然而，社交媒体活动和民意调查继续被用来代表"真实的人"的想法。如今，纸媒和电台记者以及评论员普遍引用Twitter（推特）和Facebook的观点，他们乐于采取这种简单易行、看似覆盖面很广的信息获取方式，而不是走进现实，听取真实的民众的言论。在21世纪，媒体、政客、游说者、活动人士和商业利益集团的倾听方式，很大程度上就是关注社交媒体上的趋势或进行在线调查，他们认为这是一种高效的数据驱动法。

但社交媒体活动是否反映了社会的整体状况，这一点值得怀疑。反复的调查表明，许多内容都是虚假账户或机器人账户伪造的。[25] 据估计，15%~60%的社交媒体账号不属于真人。[26] 一项研究显示，在与2016年美国大选相关的推文中，20%都来自网络机器人。[27] 在对包括泰勒·斯威夫特、蕾哈娜、贾斯汀·比伯和凯蒂·佩里在内的音乐明星的 Twitter 账户进行审查时，人们发现他们的数千万名粉丝大部分都是机器人。[28]

社交媒体上的"潜水者"[①]或许更为普遍。这些人创建账户是为了查看其他人发布的内容，但他们自己很少（如果有的话）发布任何内容。根据互联网文化的 1% 规则（或称 90-9-1 规则），在特定的在线平台（社交媒体、博客、维基、新闻网站等）上，90% 的用户只获取信息而不参与讨论，9% 的人很少发表评论或贡献数据，只有不到 1% 的人是大部分内容的贡献者。[29] 尽管贡献内容的用户数量可能因平台不同或者因受到某个新闻点触发而不同，但事实仍然是沉默者占绝大多数。[30]

此外，最活跃的社交媒体用户和网站上的评论者往往属于非常特殊的个性类型，并不具有代表性。他们相信世界会被他们的观点左右，并有时间例行地表达自己的观点。当然，在网上最能引发兴趣和关注的都是些愤怒、讽刺和夸张的内容。那些中立的、认真的、慎重的帖子不会像病毒一样传播，也不会被媒体引用。这种情形扭曲了意

---

① "潜水者"，网络公司创造的一个带有贬义色彩的术语，用来描述那些不创造收入的用户。在线平台通常通过搜集用户自愿提供的个人数据（点赞、不喜欢、评论、点击等）并将其卖给广告商来赚钱。

见的交流,并改变了对话的基调,让人怀疑,如果人们是与一个专心的聆听者面谈的话,他们所表达的信息与网络上表达的这些情绪是否一致。

〰〰

为了这本书的相关研究,我采访了各个年龄段、种族和社会阶层的人,他们中有专家,也有普通人,而我采访的内容都与倾听有关。我的问题包括:"谁会倾听你说话?"几乎无一例外,接下来是一阵停顿,他们会陷入犹豫。幸运的话他们可能会说出一两个人,通常都是配偶或父母、最好的朋友或兄弟姐妹。但有很多人表示,如果诚实相告,其实他们并不觉得有人会真正倾听他们的心声,即使那些已婚人士或声称朋友、同事满天下的人也是如此。还有一些人说,他们会与治疗师、人生教练、美发师甚至占星家交谈,也就是说,他们是在花钱让别人听他们说话。有几个人说他们会去找牧师或拉比(犹太人对智者、犹太教贤人的尊称),但也只是在遇到麻烦时才会如此。

令人吃惊的是,许多人告诉我,他们认为找家人或朋友倾诉烦恼会给对方造成负担。不仅如此,只要是社交礼节或玩笑以外的诉说,都会让他们有这种感觉。达拉斯的一位能源交易商告诉我,如果在谈话中不能令对方保持轻松,那是一种"无礼"行为,对听者要求太多了。芝加哥的一位外科医生说："你越是做一个行为楷模，你要承担的东西就越多，也就越不愿意倾诉或谈论你的忧愁。"

当被问及他们自己是不是好的倾听者时，我采访过的许多人都坦率地予以否认。洛杉矶一家表演艺术组织的执行董事告诉我："如果我真正地倾听那些出现在我生命中的人，我将不得不面对一个事实，那就是我讨厌他们中的大多数人。"到目前为止，她并不是唯一有这种感觉的人。还有一些人说他们太忙了，没时间听别人说话，或者根本就懒得听。他们说，发短信或电子邮件更有效率，因为这样他们就可以只看那些值得关注的信息，如果是无聊或令人尴尬的内容，他们就可以忽略或删除信息。人们害怕进行面对面的谈话，因为有人可能会说一些他们并不想知道的事情，或者他们可能不知道如何回应。数字通信是更加可控的交流方式。

这就形成了人们熟悉的21世纪生活场景——在咖啡馆、餐馆和家宴餐桌上，人们不是互相交谈，而是低头去看手机。即使他们在交谈，也会把手机放在桌子上，就好像手机是餐具的一部分，可以像刀叉一样随意拿起，使人隐约地感觉到大家并不那么专注于眼前的聚会。因此，人们会感到极其孤独，却不知何故。

虽然有些人告诉我，他们是很好的倾听者，不过他们经常在开车时用手机和我聊天，这就令人怀疑他们的说法了。"我比大多数人更善于倾听，"休斯敦的一名诉讼律师在车里回复我的电话时说，当时正值交通高峰时间，"等一下，我要接听另外一个电话。"也有一些人刚刚说完他们是好的倾听者，就立即转移到了一个完全无关的话题上。在《纽约客》系列漫画里，一个人拿着一杯酒在鸡尾酒会上说："请注意，我要和大家聊一些我的专业问题了，在这方面你们知之甚少。"[31] 另外一些自称善于倾听的人会重复我刚刚说过的话，就好像那是他们自己的原创想法一样。

再次强调，这并不是说糟糕的听众一定是坏人或粗野的人。当有人替你说完后半句话时，他们真的认为是在帮你。他们或许会打断你的话，因为他们想到了一些事情，认为你一定想听，或者他们想到了一个笑话，觉得太有趣了，简直一刻也不能等，恨不得马上讲出来。他们很真诚地认为只要你的嘴巴停下来，他们再说话就不算没礼貌。也许他们会频繁点头好让你快点说，或者偷偷瞧一眼手表或手机，或者轻敲桌子，或者越过你的肩膀上看有没有其他人可以交谈。在一个充斥着存在性焦虑和侵略性个人营销的文化中，保持沉默就是落后于人，倾听就是错过一个提升自我品牌和加深印记的机会。

但想想看，如果我在采访奥利弗·萨克斯时忙于自己的事情，那会是什么样的结果。那是一篇很短的专栏文章,他只需简明、扼要地回答几个问题即可。我不需要听他絮絮叨叨地谈论"精神气候",或者毫无方向地描述生活所面临的挑战。我本可以打断他,让他开门见山。或者,我本可以抢着分享自己的生活与经历,以此表现自我,给人留下深刻的印象。但那样的话,我就会打断对话的自然流程,中断逐渐延展的亲密感,并失去很多互动的乐趣,而且我现在也不会拥有从他身上获得的智慧。

我们不可能时时刻刻都做一个好的倾听者。心猿意马、分心劳神,这是人类的天性。倾听需要用心,就像阅读一样,要根据情况,有详有略。但是,用心倾听的能力和用心阅读的能力一样,如果不常用就会退化。一旦你开始像浏览名人八卦网站的头条新闻那样肤浅地倾听,你就无法发现人们内心的诗意和智慧,也无法给予那些爱你的人或可能爱你的人所渴望的馈赠。

第 2 章

充满意义的联结：
为什么要培养倾听能力

2017年，Facebook首席执行官马克·扎克伯格给自己设定了一项个人挑战，他要"和更多的人交谈，了解他们是如何生活、工作和思考未来的"。[1]但并不是谁都可以成为他的交谈对象。他有一支先遣队分散在全美各地，帮他在合适的地点寻找合适的交谈对象。当扎克伯格到达那个地方时，他有多达8名助手陪同，其中包括1名摄影师，负责拍摄他的"倾听"场景。[2]毫无疑问，这些照片会发布在Facebook上。

有一点扎克伯格是对的，倾听是一项挑战。他的失误之处在于，他认为人为的倾听和真正的倾听是一回事，这让他成了网络和媒体嘲讽的对象。你可能遇到过这样的人，他们摆出倾听的姿态，实际却是在装样子。也许他们会皱起眉头，认真地点头，做出各种表情，但他们的眼神背后总有一种奇怪的空白，点头时也根本不是在回应你所说的话。他们可能只是泛泛地回答（"嗯"或"我知道了"），但并没有真正理解你所说的东西。这或许会让你觉得对方摆出了屈尊俯就的姿态——你甚至可能想要扇他们一巴掌。

如果你属于大多数人，那么别人心不在焉地听你讲话时，你会感到很生气，而当他们屈尊俯就于你的时候，你会更生气。怎么做才是真正地倾听别人讲话呢？值得玩味的是，相对于怎么做一个好的倾听者，人们可以更容易地说出什么样的人是糟糕的倾听者。[3]可悲的是人们很少有被人倾听的满足感，更多的是那些被忽视或被误解的经历。最常见的不良倾听行为包括：

- 打断别人；
- 对对方刚刚说的话做出含糊或不合逻辑的回应；
- 低头看手机、手表，在房间里走动，或远离说话者；
- 坐立不安（敲桌子、频繁移动位置、按动笔头等）。

如果你有这些行为，请不要一错再错。但仅仅避免这些行为并不能使你成为一个好的倾听者，只会让你在倾听时表现得不那么糟糕。倾听更需要的是一种心态，而不是一份该做什么、不该做什么的清单。这是一项非常特殊的技能，是通过与各类人交流而逐渐发展起来的——没有事先安排，也没有助手在谈话出现意外或不顺利的时候来救场。当然，在不知道自己会听到什么时倾听对方讲话是一件比较冒险的事情，但如果对你周围的人和世界保持冷漠与无视，那将有更大的风险。

这里有一个很值得研究的问题：在当今科技时代，有什么必要花费精力培养自己的倾听能力呢？电子通信更加高效，可以让你在需要的时候用你需要的方式与更多的人进行通信。的确，许多讲话者不能很快地抓住要点，他们可能会说一些自我夸大的故事，或者给你讲太多关于他们的结肠镜检查的细节来烦你。有时，他们还会说一些伤人或令人不安的话。

然而倾听比其他任何活动都更能让你融入生活。倾听可以帮助你了解自己，同时了解你的倾听对象。这就是为什么我们从婴儿时期就对人类的声音更为敏感，并对音色、和声与不和谐音有着很强的分辨力。[4]事实上，你甚至在出生之前就开始了倾听。胎儿在母亲怀孕16周时[5]开始对声音有所反应，而且在出生前的最后三个月，可以清楚地区分语言和其他声音。[6]胎儿可以被友善的声音安抚，也可以被愤怒的爆发吓一跳。听觉也是人死前失去的最后一种感觉——饥渴感最先消失，其次是语言，接着是视觉。濒死病人的触觉和听觉一直持续到其生命的最后一刻。[7]

对失聪和听力受损儿童的研究表明，他们的移情能力和亲近感都会出现减退。[8]此外，还有人对那些晚年失聪的人在情感、认知和行为方面受到的损伤进行过大量研究。海伦·凯勒曾说："我双目失明，两耳失聪……耳聋是更大的不幸[9]，因为这意味着最重要的刺激与我无缘——那些声音承载着语言，激发着思想，使我们与人类的智慧相伴。"

这里有必要强调，"听见"并不等同于"倾听"，而只是倾听的前提。听见是被动的，倾听是主动的。最好的倾听者会集中注意力，并积极调动其他感官。他们的大脑会尽力处理所有传入的信息，并从中找到意义，从而为创造力、同理心、洞察力和知识打开大门。理解是倾听的目的，需要用心为之。

纵观历史上许多伟大的合作，都发生在那些能够完全理解并内化对方话语的人之间。"飞行之父"奥维尔·莱特和威尔伯·莱特、二战领导人丘吉尔和罗斯福、共同发现了DNA（脱氧核糖核酸）结构的詹姆斯·沃森和弗朗西斯·克里克、披头士乐队的约翰·列侬和保罗·麦卡特尼，他们在历史上留下深刻印记之前，都以经常不间断的交谈而闻名。

当然，他们本身都很有才华，但心灵的融合促成了他们的成就。无论是朋友、恋人、商业伙伴，任何"合拍"的两个人都会在不同程度上产生这种充满一致性的默契，甚至是脱口秀演员和他们的观众之间也是如此。当你倾听并真正理解了别人所说的话时，你的脑电波和说话者的脑电波实际上是同步的。

神经学家乌里·哈森研究了功能性核磁共振成像扫描图，发现说话者的大脑活动与听者的大脑活动重叠越多，交流效果就越好。[10] 他在普林斯顿大学实验室里进行了一项实验，几对实验对象互相描述了 BBC 电视剧《神探夏洛克》中的一个场景。在复述过程中，讲述者的脑电波与他们实际观看节目时的脑电波基本相同，并且倾听者的大脑开始呈现出与讲述者相同的图形。脑电波的这种耦合或同步以可见、可测量的方式证明了思想、感情和记忆的传递。

加州大学洛杉矶分校和达特茅斯学院的研究人员随后进行的一项研究显示，好朋友在观看视频短片时有着类似的大脑反应。[11] 事实上，研究对象在观看视频（树懒宝宝、一对陌生夫妇的婚礼、关于是否禁止大学足球比赛的辩论）时的大脑活动越一致，这对朋友之间的关系就越亲密。这在一定程度上是因为具有相似情感的人会相互吸引。但是，如果结合哈森的研究结果进行考虑，这也表明我们倾听的对象会影响我们的思考和反应。我们的大脑不仅在倾听别人的那一刻与对方保持同步，而且由此生成的理解与联系也会影响我们处理后续信息（甚至是树懒宝宝的视频）的方式。你听一个人（比如一个亲密的朋友或家人）讲话越多，同时这个人听你讲话越多，你们俩就越有可能产生相似的想法。

我们来看行为心理学家丹尼尔·卡尼曼和阿莫斯·特沃斯基之间形成的同步性。[12] 他们关于非理性行为的观点体现了一些在社会科学领域最有影响力的学术成果，也构成了卡尼曼的畅销书《思考，快与慢》的基础理论。这两个人的性格截然不同：特沃斯基比较冲动、无所顾忌，卡尼曼则比较沉默、谨慎。但他们可以一连交谈几个小时，时而争论，时而大笑，偶尔还会大声叫嚷。他们在这个过程中有许多"灵光一现"的时刻，这些发现是他们任何人无法独自完成的。

卡尼曼和特沃斯基在一起的时间太长了，以至他们的妻子都有点嫉妒了。"他们的关系比婚姻还要稳固，"特沃斯基的妻子芭芭拉说，"我觉得他们俩都比以前独自一人的时候更有才华了，好像两人早就等待着相遇。"[13] 他们在写研究论文的时候，两个人会并排坐在一台打字机前。"我们在共享一个大脑。"卡尼曼曾经这样说。[14] 他在特沃斯基去世6年后的2002年获得了诺贝尔经济学奖。

〰️

我们想要与另一个人的大脑同步或连接的愿望是一种本能，从出生就开始了"等待"。这就是我们寻找朋友、建立伙伴关系、提出想法和坠入爱河的方式。但如果这种渴望得不到满足，尤其是在我们年幼的时候，那就会对我们的幸福感造成极大的影响。依恋理论比其他心理学概念更强调了这一点。[15] 其推行的理念是，我们成年后的倾听和与人沟通的能力取决于我们的父母如何倾听以及如何与幼年的我们进行沟通。

在年满一岁的时候，我们就已经在自己婴幼儿时期的大脑中烙下了一个如何看待人际关系的模板，这个模板基于我们的父母或主要看护者对我们需求的响应程度。换句话说，你形成依恋的能力，或者你的依恋类型，取决于你的看护者的脑电波在何种程度上与你的脑电波同步。细心和响应式的看护者会使你成为安全型依恋类型，这类人的特点是能够感同身受地倾听，从而形成有效的、有意义的和相互扶持的关系。

另一方面，没有受到过看护者体贴照顾的孩子长大后会成为一种没有安全感的焦虑型依恋类型的人，这样的人往往会在人际关系中感到忧虑和心神不宁。他们不善于倾听，因为他们害怕失去人们的关注和好感。这种执念会使他们过于戏剧化、自吹自擂或黏人。他们也可能会纠缠潜在的朋友、同事、客户或恋人，而不是给别人空间。

还有一种没有安全感的回避型依恋类型的人，是由于其成长过程中的看护者太过疏忽或者可能是过度关照，到了令人窒息的地步。在这种情况下长大的人通常都是糟糕的倾听者，因为每当一段关系变得很亲密时，他们往往会终结或舍弃这段关系。他们拒绝倾听，因为他们不想有失望或不知所措的感觉。

没有安全感的混乱型依恋类型的人会表现出不合逻辑、不稳定的焦虑和逃避行为。这通常是因为他们在成长过程中有一个恐吓或虐待他们的看护者。如果你属于混乱型依恋类型，你就很难做到用心倾听，因为亲密的关系会让你感到害怕或恐惧。当然，并不是每个人都完全符合某一类型，大多数人都处在从有安全感到没有安全感之间的某个点上。而且，如果你更偏向于没有安全感的那一端，那么你就会处在焦虑与逃避的连续状态中。

但依恋类型不一定是命中注定，无可改变的。当人们学会倾听并在情感上回应他人时，就能够改变自己在人际关系中的状态。同样重要的是，他们必须允许别人倾听并在情感上对他们做出回应，也就是说，他们必须形成安全的依恋关系。不过更常见的情况是，人们终其一生都在寻求或创造那些能再现他们儿时感知的环境。他们会选择那些与他们第一次听到的人声相似的谈话对象，以此加强原有的神经通路。他们试图以一种熟悉的方式实现同步——就像在一条土路上沿着旧车辙前进一样。

举个例子,我前几年在新奥尔良出差时遇到了一个喜欢交际的航运公司老板。他结过好几次婚,说起话来没完没了。他会饶有兴致地自问自答,还会打断任何想插话的人。他说话的声音很大,像一个舞台演员,这使得其他人更难参与谈话。原来,当他还是个孩子的时候,每当他想和父亲说话,尤其是说一些令人心烦的事情时,他的父亲就会抛出一句"够了",硬生生地打断他。他对我的问题不屑一顾,只是自顾自地说:"那种感觉就像是'丢了你的听众'。"这似乎是他极力想要避免的事情,因为他从小就丧失了听众。他无法忍受自己做别人的听众。

在过去的 10 年中出现了几个治疗项目,用以解决一代又一代父母和孩子之间因缺乏共鸣或同步而产生疏离感的问题。安全圈、团体依恋干预以及依恋和生理行为追赶等干预策略,在本质上都是教父母如何倾听和回应他们处在婴幼儿和学步时期的小孩的,此时功能失调性神经模式尚未嵌入孩子正在发育的小脑袋,即他们还没有对人际关系形成终身焦虑或回避性通路。虽然这些项目的重点是帮助父母倾听孩子的心声,但参与者表示,他们也用同样的策略来改善自身与配偶、同事和朋友之间的关系。

由于我们的文化的影响,人们即使在最佳状况下也很难做到用心倾听。对参与上述干预项目的人来说，情况就更糟了：他们中有许多人在成长过程中都经历过忽视或者虐待。由于害怕会受到批评或侮辱，他们已经形成了一种对倾听的抗拒心态，要么不听，要么敷衍了事地与人交谈，而不去真正倾听，就像新奥尔良的那个航运公司老板一样。不过，这些项目已经取得了巨大的成功。其效果可通过孩子问题行为的显著减少和父母倾听技巧的提高进行衡量，这在好几项已经发表的研究成果中得到验证。[16] 而真正的效果证明是针对这些项目不断增长的全球需求。在过去的 10 年中，仅在针对"安全圈"的干预策略方面，在 22 个国家就培训了 3 万多名辅助员。

―〰―

许多依恋项目都使用了视频。如今，人们经常被日常生活弄得心烦意乱，或者他们的头脑里装的事情太多，以至意识不到自己在什么时候没有集中注意力。但有了视频，人们就可以暂停、放慢、一帧一帧地观看人与人之间的互动，看看他们可能漏掉了什么。出于培训目的，项目主持人（通常是心理学家和社会工作者）会观看自己和其他医生与父母和孩子一起互动的视频，学习如何成为更有效的倾听者。因此，家长们也会观看自己或其他家长与孩子互动的视频，以此发现错过的倾听机会及其对家人互动产生的影响。

在纽约新学院的一间黑暗、狭窄的研讨会教室里，我和几个心理学研究生坐在一起，观看医生的视频来学习团体依恋干预的最佳实践方法，该项目在纽约设置了 6 个专门成立的亲子中心。研究生手上拿着计分表，他们不仅要给视频中医生的倾听程度打分，还要根据医生是否成功地使父母倾听和看护他们的孩子进行打分。该评分系统对倾听的几个维度进行了衡量，其中包括情绪意识和身体姿势。

在第一个场景中，一名医生与一对母子坐在一张矮桌旁，他们所在的房间里满是吵吵闹闹的孩子。医生的一只手很自然地放在桌子上，另一只手放在椅背上，营造出一个围绕着这对母子的想象空间。孩子在玩培乐多彩泥，母亲在望向别处，她叹息着，甚至一度因为自己的孩子总是玩假扮游戏而称其"怪异"。"看，"医生轻声说着，同时向孩子凑近一点，并且希望孩子的母亲也这样做，"她有一个想法。"母亲突然饶有兴趣地看着自己的孩子。她的小女儿在想什么呢？

当灯光亮起时，研究生彼此赞许地点了点头，就好像他们刚刚看到了一位奥林匹克体操运动员做了一个高难度的动作，然后稳稳落地。他们给视频中的医生打了一个近乎完美的分数，几乎是击掌相庆。直到我看了其他医生的视频，才明白这位医生为什么如此与众不同。相比之下，其他医生显得很呆板，自我意识比较强，而且很容易分心。虽然他们与孩子的母亲聊得很愉快，也可能会和孩子一起玩并鼓励母亲加入，但像西蒙娜·拜尔斯得分那样高的医生有着明显不同的做法。以拜尔斯为例，她不但举止自若、神情平和，注意力集中在母亲和孩子身上，而且她还会给出看似简单的观察结果："她有一个想法。"这相当于在说："让我们看看你女儿脑袋里在想什么。"

这很微妙，但意义深远，这就是倾听的意义所在。每个人的脑子里都在装着一些事情，要么是你的孩子、爱人、同事、客户，要么是其他什么人。认真倾听就是要了解别人的想法，并表现出你足够关心别人。这是我们所渴望的，即被看作独特的、有价值的、值得关注的人，并且有思想、有情感、有意愿。

倾听不是教导、塑造、批评、赞扬，也不是告诉对方如何去做（"来，让我告诉你""不要害羞""太棒了！""给爸爸笑一个"）。倾听是一种被人理解的经历。倾听是指某人对"你是谁，你在做什么"感兴趣。如果不能以这种方式被了解和接受，一个人就会有缺失和空虚的感觉。让我们在人生中感到最孤独和孤立的，往往不是毁灭性事件的结果，而是那些本可以产生有益影响却什么也没有发生的时刻逐渐累积的结果。[17]当你不听别人说话或者别人不听你说话的时候，你就错过了和别人交流的机会。

"我们寻求的是亲子互动中的魔法时刻,即产生兴趣、共感和理解的那一刻,即使短暂,但会深入父母和孩子的思想中,并且有可能使他们在今后获得关注和倾听的能力。"米里亚姆·斯蒂尔这样说道。他是纽约新学院心理依恋研究中心的教授,曾发表过与团体依恋干预项目有效性相关的研究成果。

正是这些"魔法时刻"让生命变得有意义。我们在乌里·哈森的功能性核磁共振成像中看到的两个同步大脑的扫描图就是"魔法时刻"的印证。这是一个可以衡量的时刻,因为你可以通过倾听与他人建立联系。斯蒂尔还提到了另一位母亲,这位母亲也参加了依恋干预项目,她说她无法忍受孩子的哭闹。一个善意的人可能会解释说,人类天生就会对婴儿的哭泣做出消极反应,这样就会被打动,然后去照顾他们。或者有人会对母亲表示同情,说:"哦,是的,婴儿的哭声也让我心烦。"但根据新学院研究生的倾听评分标准,这些回答都只能获得低分。事实上,得分最高的回答来自一位医生,她没有告诉母亲任何事情,只是停顿了一下问道:"为什么哭声会让你心烦呢?"

为什么说这是更好的回应呢?因为那位母亲想了一会儿说,这让她想起了自己小时候的情景,当时没有人对她的哭声做出任何回应,而孩子的哭声引发了一种创伤后的应激反应,这使她感到恐惧、怨恨和沮丧。那位医生和年轻的母亲当时并没有使用功能性核磁共振成像仪器，否则你很可能会看到她们的脑电波处于同步状态。神经脉冲的重叠意味着理解和重要的关系转变。通过倾听，而不是过早地插话做出解释或安抚对方，这位医生抓住了要点，了解了母亲的想法，因此她们能够在更深的层次上进行沟通。感受到别人的理解之后，这位母亲未来很有可能馈赠孩子同样的礼物。这个例子可以告诉我们如何更好地倾听。

我们被生活中的依恋关系定义，因为每一种关系都塑造着我们在这个世界上的形象以及我们与他人之间的关系。这些依恋关系的形成源于倾听他人的声音，最开始是看护者的柔声细语来抚慰我们的悲痛，后来是成年、工作、婚姻和日常生活中的倾听。说而不听，犹如触碰而未被触碰。[18]当我们的整个身体随着另一个人表达思想感受时的声波而振动时，这是一种比触觉更具有包容性的感觉。人的声音可以进入并触动我们的身体以及情感，正是这种共鸣让我们有了理解和爱的意愿。我们在进化中生出了眼睑，所以我们可以闭上眼睛，但没有相应的身体构造使我们的耳朵闭合。这表明倾听对于我们的生存是至关重要的。

第 3 章

倾听你的好奇心：
为什么最好的特工是最棒的倾听者

在华盛顿特区四季酒店里的一家酒吧里，巴里·麦克马纳斯坐在角落的一张桌子旁，扫视着整个酒吧，打量着每一个人，这是他在为美国中情局（中央情报局）工作的26年里养成的习惯。麦克马纳斯是一个长着杏眼、身材匀称的非裔美国人，他可以伪装成任何国家的人——事实上，他曾这样做过。

我们一起蜷在俱乐部的皮革椅子上，并用盆栽棕榈进行伪装，在此之前我们在林肯纪念堂进行了一次间谍式的会面。我正在步行的时候，麦克马纳斯那辆奔驰越野车的前灯刺破了雾霭。他放慢车速，刚好让我上车，然后我们加速驶往乔治敦。在那里他快速掉头穿过几条交通车道，灵巧地滑进一个露天停车位——它似乎在酒店门口等着我们。这些不是我瞎编的。

作为中情局的首席审讯官和测谎师，麦克马纳斯曾在140个国家工作，并与恐怖分子、炸弹制造者、毒贩、叛徒和其他嫌疑人面对面地交谈。全靠他的倾听能力，很多生命得以挽救。他于2003年退休，目前在弗吉尼亚州费尔法克斯的乔治梅森大学讲授行为评估这门课程。与此同时，他还在世界各地从事安全咨询工作。他的客户主要是外国政府，也有腰缠万贯的金主雇用他与潜在员工来一场所谓的"炉边谈话",尤其是那些将要密切接触客户家庭的员工,如家务员、私人医生和护士、为其驾驶直升机的飞行员,以及他们游艇上的工作人员。麦克马纳斯说:"背景调查只能告诉你这个人过去的所作所为,而我的工作是找出那个人做过却没有被发现的事情,或者将来可能会做出来的事情。"

虽然中情局特工在获取情报的过程中会被训练得具有欺骗性、操纵性甚至掠夺性,但使麦克马纳斯卓有成效的并不是什么黑暗艺术。他只是从那些与他不同的人那里获得了一种动力,几乎是一种冲动,即使(或者尤其是)他们做了非常糟糕的事情。"即使我没有从他们那里收获任何东西,我也会学习他们的心态、立场和信仰。他看起来怎么样?他是怎么想的?他认为西方怎么样?他觉得像我这样的人怎么样?这是一种令人兴奋的经历,我从中收获很大,"麦克马纳斯说,"你的生活经历造就了你,即使你无法和一名自杀性爆炸者进行沟通,这也可以帮助你了解那些今后遇到的处在边缘或犹豫不定的人。在遇到走上歧途的人时,你可以与其沟通。"

麦克马纳斯告诉我,与其说是中情局将特工训练成了好的倾听者,不如说是他们招募好的倾听者成为特工。最优秀的倾听者会被挑选进行审讯和间谍活动,而其他人可能被分配到分析师或网络卫士等岗位上。难怪中情局宁愿招募而不愿培养倾听者,这是因为倾听与其说是一门科学,不如说是一门艺术,现存的理论是相当脆弱的。

沟通研究往往会忽视倾听的作用,更加重视有效的演说、修辞、论证、说服和宣传。如果浏览《国际交流百科全书》第3卷第2 048页,你会发现只有一个条目是关于倾听的。[1] 你甚至在《人际交往圣人手册》的索引中找不到有关倾听的内容。[2]

我们对倾听的了解大部分来自对学生如何理解课堂上所教内容的研究,这与我们在日常生活中的倾听几乎没有相似之处。更糟糕的是,学者似乎无法就倾听的定义达成一致。[3] 他们每隔几年就引入一个不同的术语定义。1988年,"倾听"是"接受、关注和赋予听觉刺激意义的过程"。经过反复修改,在2011年,"倾听"变成了"在人际环境中获取、处理和保留信息的过程"。这些定义都是以花哨的说法表示你完全明白别人想要告诉你的意思。

然而,关于如何成为一个更好的倾听者,有很多现成的建议,其中大部分建议来自企业顾问和高管教练。他们的理念都是相同的,只是用了不同(有时显得很滑稽)的术语和流行语,比如"共享的声音世界"和"协同语境"。这些建议通常可以归结为:通过眼神交流、点头、时不时地"嗯嗯"几句来表明你在注意倾听。他们会指导你不要打断别人；当对方结束讲话时，你应该重复或转述那个人说的话，让他们给予确认或纠正，然后你再说你想说的话。

这样做的前提是：你要用一种设定的方式倾听，以得到你想要的结果（比如，约会、销售、谈条件、晋升）。倾听也许的确能帮助你实现目标，但如果这是你倾听的唯一动机，那么你就只是在作秀，人们会发现你的虚伪。如果你真的在认真倾听，你就不需要装出一副认真倾听的样子。

倾听最需要的是好奇心。麦克马纳斯有着近乎强迫性的好奇心。我们都曾充满好奇。当你还是个小孩子的时候，一切都是新鲜的，所以你对每件事和每个人都怀有一颗好奇心。小孩子会问你无数个问题，有时是令人尴尬的私人问题，试图更多地了解你。他们会认真地听你说话，还会经常重复你最不希望他们说的话，比如你无意中说出的轻率言论或脏话。

"每个人都是天生的科学家，"物理学家艾力克·贝齐格说，"很不幸的是，很多人的天赋都被打压了。"2014 年，他得知自己因发明了一种超高分辨率的显微镜而获得诺贝尔化学奖后这样告诉我。这种显微镜可以观察细胞间 DNA 转移等微小生物过程。他说："我很幸运，能够保持孩子般的好奇心和对实验与学习的热情。"

研究表明，在被看护的过程中，有安全感的儿童和成人往往比没有安全感的人更有好奇心，而且更愿意接收新的信息。[4] 依恋理论的另一个原则是，如果你身边有人愿意倾听你讲话，而且你感觉和他/她很亲近，那么你就会有一种安全感，不惧怕走出去与他人交流。当你听到或发现让你心烦的事情时，你会觉得没有什么，因为你可以倾诉，有人会倾听，给你注入信心，减轻你的痛苦。这就是所谓的安全堡垒，是抵御孤独的保障。

普利策奖得主、作家兼历史学家斯特兹·特克尔的职业生涯就始于他的好奇心。他的里程碑式著作《工作》收录了他对社会各阶层人士的采访，让他们谈论自己的工作。[5] 这些人包括垃圾清洁工、掘墓人、外科医生和工业设计人员。特克尔通过他们的话说明，我们可以从每个人身上学到东西。2008年，96岁的特克尔去世了。"但我想真正的途径是好奇心。"[6]

童年时期的经历培养了他的好奇心。他的父母在芝加哥有一幢出租用的公寓，而他从小就为那些他无意中听到的阴谋、争论和幽会着迷。投宿者虽然都只是暂时停留，却永久性地激发着他的想象，并给他后来的作品注入活力——比如像模具工哈里·迈克尔森这样的好斗狂；戴着绿色软呢帽的本地辖区队长亚瑟·奎恩亲王；还有那个威尔士拾荒者米达尔·林德金，特克尔说他不仅身无分文，而且"他的名字里面没有一个元音字母"。[7]

作为一名记者，我学到的最有价值的一课就是，只要你问对了问题，每个人都是一个有趣的个体。如果某个人很无趣，那么问题一定出在你这里。美国犹他大学的研究人员发现，当说话人与注意力不集中的听众交谈时，说话人记住的信息较少，表达的信息也较少。[8]反过来他们发现，即使倾听者没有提问，他们也能从说话人那里获得更多的信息以及更详尽的细节和描述。所以，如果你只是觉得某个人很无聊或者不值得你花时间听他说话，那你就真的应该去认真倾听。

试想一下，当你想要给一个明显不感兴趣的人讲一件事情的时候，他们很有可能在叹气，或者眼睛在房间里扫来扫去。这会导致什么情况？你会乱了节奏，忽略了细节，或者开始扯一些无关的内容，又或者为了重新获得他们的注意而分享过头。最后，你可能会逐渐停止讲话，而对方只是淡淡地微笑或心不在焉地点头。你也可能在离开的时候对那个人产生明显的厌恶感。

在《人性的弱点》一书中，戴尔·卡耐基写道："如果你真诚地关心别人，那么你在两个月的时间里所交的朋友，要比让别人对你发生兴趣，在两年的时间里所交的朋友还多。"[9]倾听就是对别人感兴趣，这样人与人之间的谈话就会更加有趣，从而使你在交流过程中有所收获。你对自己已经很了解了，但对你的谈话对象知之甚少，也不知道你能从这个人的经历中可以学到什么。

国际家具零售商宜家的创始人英格瓦·坎普拉德就深知这一点。据报道，虽然他在大部分时间里都过着隐居生活，却总是隐藏身份，去世界各地的宜家门店游逛。[10] 他有时假装是一名询问员工问题的顾客，有时假装成一名员工去接近顾客。"我认为我的任务是为大多数人服务，"[11] 他在 2018 年去世的几前年对一位采访者这样说道，"问题是，你如何知道他们想要什么，以及如何为他们提供最好的服务？我的回答是，贴近大众，因为在内心深处，我是他们中的一员。"

坎普拉德的做法不仅展示了良好的商业意识，也表现出了对他人想法和感受的真正好奇心。好奇心是一种渴望去了解别人的世界观，也是一种惊奇于别人所说的经历并从中学习的期望。换句话说，这是一种没有预设的情况，即你不知道别人会说什么，更不用说你知道得更多了。

〰️

如果你认为自己已经知道对话将如何进行，那就会使好奇心受到压制，同时扼杀倾听的意愿，并对互动交流产生焦躁感。[12] 这就是为什么日常在拥挤的公共场所（如火车、公交车、电梯和候车室）里，陌生人会完全无视彼此。但如果不允许你独处又会怎样呢？芝加哥大学的行为科学研究人员对数百名乘公交车和火车通勤的人进行了一系列实验，他们将这些人归为以下三类：（1）独自坐着，（2）与陌生人交流，（3）做一般通勤人员所做的事情。[13]

研究人员发现，尽管大多数参与者认为，如果与陌生人打交道，他们的幸福感和工作效率就会降低，但事实恰恰相反。与陌生人交谈的人感到最快乐，他们不觉得这会妨碍自己完成原本应该完成的工作。尽管本项研究的参与者确信其他人并不想和他们交谈，而且这种交流也会让人感到不舒服，但他们中没有一个人说自己遭到了拒绝或侮辱。

人类普遍厌恶不确定性，尤其是在社会环境中。这是存在于我们原始大脑中的一种生存机制，它在向我们低语："继续做你一直在做的事情，这样比较保险。"这就是为什么你宁愿跟你认识的讨厌鬼交流，也不会向陌生人介绍自己。麦当劳和星巴克就是人类如此渴望雷同的明证。它们的成功在很大程度上取决于这样一个事实：你可以去世界上任何地方，买到一份同样的巨无霸或星冰乐。

我们喜欢每天做相同的事情，并对想要做的事情制订详尽的计划。我们可能偶尔会在生活中注入一点新奇的事物，但更常见的情况是，我们总是沿着同一条路线散步或慢跑，在课堂上或工作会议中坐同一个座位，在杂货店按同样的顺序逛货廊，在瑜伽课上重复同一个动作，和同样的人一起去吃饭并有着几乎相同的对话。

但矛盾的是，正是不确定性让我们感觉最有活力。想想那些让你从一成不变的生活中摆脱出来的事情：参加一场家庭婚礼，做一次盛大的预演，或者去一个你从未去过的地方。只有在这种情况下，时间才会放慢一点，你才会感到更充实。同样的道理也适用于冒险的经历，比如攀岩或跳伞。这时你的感觉会更敏锐，发现力也更强。当你偶遇某人的时候，大脑会释放出一种名为多巴胺的化学物质，此时要比计划好的会面更让人感到愉快。[14]突然收到的好消息、经济奖励和礼物会更加令人欣喜。这就是为什么最受欢迎的电视节目和电影都有着出人意料的情节转折和意想不到的结局。

没有什么比人们说的话更令人惊讶了，即使是你认为自己很了解的人，他的话也有可能让你大吃一惊。事实上，你有时甚至会对自己说的话感到惊讶。人之所以迷人，是因为他们难以捉摸。如果你不听别人讲话，就肯定会感到无聊，而且你这个人会很无趣，因为你学不到任何新的东西。

在四季酒店秘密会面的时候，麦克马纳斯告诉我："我觉得几乎没有什么是我没有听说过的，但我还是会在走出房间的时候想，'那个家伙刚刚对我说的话真是令人难以置信'。"比如他曾经受一位金主之托去调查一名医生，而这个医生主动坦白了自己的毒瘾；还有一名开游艇的船长承认他经常自残。麦克马纳斯又扫视了一眼酒吧，我也追随他的目光望去。"但这就是问题的关键，"他说着，慢慢地把目光移回到我身上，"你就是通过这种方式知道自己是游戏的玩家。"

虽然麦克马纳斯在中情局的头衔是首席审讯官，他却说审讯是他最不喜欢，也是最无效的战术。"我从来不喜欢审讯。相信我，我知道那是什么。如果我对你严刑拷打，你会告诉我点东西，但那一定是实话吗？"他摇了摇头，继续说道，"我得花点时间，有足够的耐心，做一个好的倾听者，以此获取有用的信息。"他的方法是让嫌疑人讲述他们自己的故事，而不是威逼他们坦白。

例如，麦克马纳斯曾经告诉我他是如何让巴基斯坦核科学家苏丹·巴希尔·马哈茂德承认他与奥萨马·本·拉登见过面的。[15] 那是在"9·11"恐怖袭击事件发生后不久，当时情报部门正忙于追捕此次袭击的主谋。麦克马纳斯与巴希尔就非裔美国人的经历进行了一场令人惊讶的、富有启发性的长谈，从而与其建立了一种奇怪的融洽关系，而不是针锋相对的敌对关系。"我只是在听他讲民权运动和非裔美国人的苦难。他比我更了解美国历史。在那之后，我问他，难道他不愿意把他的故事告诉像我这样的人，而是像'他们'那样的人吗？我不确定'他们'是谁，我想让他在脑海里描绘出一幅'他们'的画面。"那个科学家说，他宁愿把他的故事告诉麦克马纳斯。

倾听你们的共同之处，并逐渐建立融洽的关系，这是与任何人交流的可行方式。既然审讯对恐怖分子不起作用，又怎么会起到社交效果呢？当你问一些评估性的个人问题时，诸如"你是做什么工作的""你在城里住哪儿""你上的哪所学校""你结婚了吗"，这就相当于是在审讯。你并不想去了解他们，而是在评估他们。这会使人条件反射性地产生防御心理，并可能会把谈话变成肤浅的、没有什么意义的简历背诵或自我推销性质的电梯间里的游说。

在针对芝加哥通勤者的研究中，研究人员要求与陌生人交谈的参与者和交谈对象建立联系。参与者要找出对方的一些有趣之处，并分享自己的一些事情。这是一个有来有往的过程。有些人一开始就摆出一副进攻的架势，主动问对方一些有关个人就业、教育和家庭的问题，这时事情的进展就不那么顺利了。相反，如果他们从通勤说起，或者注意到了某人的芝加哥小熊队棒球帽，询问这个人是否会去看比赛，谈话往往就能在倾听中顺利进行。这项研究的参与者发现，通过流露出真诚的好奇、礼貌与关注，他们的同伴也会相应地变得彬彬有礼，并最终变得有趣起来。

一个好奇的人会坐在机场里，腿上放着一本书却从不打开，或者出门在外时"忘记"了自己带着手机。他们会被别人的不可预知性吸引，而不是惧怕交流。他们善于倾听，因为他们渴望理解、沟通和成长。即使是那些你以为已经无所不闻的人——中情局特工、牧师、调酒师、刑事调查员、心理治疗师、急诊室护士，他们也会说自己总是对别人告诉他们的话感到惊讶、愉悦甚至震惊。这让他们的生活变得很有趣，也让别人对他们感兴趣。

第 4 章

最熟悉的陌生人：
没有人和昨天的自己完全相同

"你没有用心听我说话！"

"让我说完！"

"我不是这么说的！"

除了"我爱你"，这些都是关系亲密的人之间最常说的话。你可能认为自己更愿意听你爱的人而不是陌生人说话，但事实往往相反。心理学家朱迪思·科什对这种现象再熟悉不过了。她是公认的夫妻团体疗法方面的权威，她在挽救看似无望的婚姻方面有过许多成功的案例，都被记录在劳里·亚伯拉罕的《夫妻俱乐部》一书中。[1]

一天深夜，我在科什位于费城市中心的办公室里见到了她。当时几对夫妻刚刚离开，她办公室里的沙发和椅子还留有余温，夫妇用过的靠枕也皱皱巴巴，显得很凌乱。我去那里是想了解为什么人们总是觉得自己被伴侣忽视和误解。科什的回答很简单：处于长期关系中的人往往会失去对彼此的好奇心。这不一定是厌恶，他们只是变得更加了解对方了。他们不愿倾听是因为他们认为自己已经知道对方会说什么。

科什举了几对夫妻的例子。这些夫妻的特点是，总替对方说出答案或做出决定。有时他们还会送错礼物，令对方感到失望和伤心。父母也会犯同样的错误,他们总是认为自己知道孩子喜欢什么,不喜欢什么,想做什么,不想做什么。事实上,当涉及自己所爱的人时,我们往往会自以为很了解对方。这就是所谓的亲密关系-沟通偏差。尽管亲密和熟悉的关系令人向往,但身处其中的我们容易自以为是,以致高估自己的能力,总以为非常了解自己最亲近的人。

美国威廉姆斯学院和芝加哥大学的研究人员都证明了这一点。[2] 他们进行了一项类似室内游戏的实验,让两对互不认识的已婚夫妇坐成一圈,背对着对方。研究人员要求每个参与者依次说出日常会话中可能具有多重含义的短句,参与者的配偶要说出自己认为这个短句是什么意思,然后陌生人也尽可能地给出他们的猜测。比如"你今天看起来不一样",它的意思可以是"你看起来很糟糕",也可能是"看,我注意到了你的样子",或者"嘿,我喜欢你的新造型",又或者是"嗯,我觉得你哪里有些不一样,但是我不能确定"。虽然参与者相信他们的配偶比陌生人更了解他们,但其配偶的表现并不比陌生人更好,有时甚至更差。

在一个类似的实验中,研究人员发现亲密的朋友也高估了他们理解彼此意思的能力。研究人员让研究对象先与自己一位亲密的好友配对,然后再与一位陌生人配对。配对期间让他们互相指挥,从一个大箱子里取出物品，箱子被分成网格状的隔间，里面有各种同名的物品，比如电脑鼠标和老鼠（英文同为"mouse"）玩具。有些隔间只有一个人能看到，还有一些两人都能看到。朋友之间的亲密关系会让人产生一种"思想一致"的错觉，使他们更有可能认为朋友看到的东西和自己看到的是一样的。他们在陌生人面前犯这种错误的可能性就比较小，也就是说，在陌生人的指挥下，他们更有可能立即拿起双方都看得见的那个东西。

威廉姆斯学院心理学教授，也是该研究的主要作者肯尼斯·萨维茨基说："要想进行有效的沟通，'我所知道的与你所知道的不一样'的理念至关重要。这是给人指路、授课或日常交谈时所必需的。但如果这个'你'是一位亲密的好友或配偶，我们就很容易忽略这种理念。"

这就好像你一旦感觉到与某人很亲密，你就会认为这种关系将永远地持续下去。日常互动和活动的总和效应不断地塑造着我们，并细微地改变着我们对世界的理解。因此，没有人与昨天的自己完全相同，今天的我们也不会与明天的自己相同。我们的观点、态度和信念都会有所改变。所以不管你认识别人有多久或者你认为自己多么了解别人，如果停止了倾听，你最终就会失去对他们的了解以及你们之间建立起来的联系。

基于过去的认识去了解一个人的现在注定是要失败的。法国作家安德烈·莫洛亚曾写道："幸福的婚姻就像一场冗长的谈话，但总是显得过于短促。"[3] 如果对方总是把你看作当初相遇时的你，你会愿意与这个人长久相伴吗？这不仅适用于恋爱关系，也适用于所有关系。甚至连蹒跚学步的孩子都不愿被别人当成几个月前的婴孩对待。如果你向一个两岁大的孩子伸出援手，想帮他做一些他已经学会的事情，这个孩子可能会恼火地说："我自己会做！"当生活进入新的篇章时，倾听是我们用以维系彼此关系的方式。

在人类关系领域，英国人类学家、进化心理学家罗宾·邓巴是被引用最多的研究人员之一。他曾告诉我，人们维持友谊的主要方式是"日常交谈"。也就是说，你要问"你好吗"，并认真倾听对方的回答。邓巴以"邓巴数"著称，这个数字是你在社交网络中能够实际认识的人数极限。[4] 他估计在150个左右，你只能和这么多人相熟。这种熟悉程度就是，如果你在酒吧偶遇他们中的任何一个，你可以轻松地与其一起喝酒。你在心理或情感上都没有能力与更多的人保持有意义的交往。

但邓巴强调说，这150人位于不同的友爱层级，该层级取决于你和这个人相处的时间。[5]这有点像一个婚礼蛋糕,最上面的一层只有一两个人(比如说自己的配偶和最好的朋友),你和他们最亲密,每天都有互动。下一层最多可以容纳四个人,你与他们很亲近,也很关爱彼此,这一层的友谊需要每周的互动来维持。再下面的层级中包含了更多你很少见面的普通朋友,这样的关系比较脆弱。没有持续的接触,你们很容易沦为萍水之交,虽然表面很友好,但不是真正的朋友,因为你们已经渐行渐远,对方一直在成长。你可以很随意地和他们一起喝杯啤酒,但如果他们搬离了小镇,你并不会特别想念他们,甚至不是很在意,他们也不会想念你。

可能有一种例外:有些朋友虽然多年没有交流,但再次相见时依然如故。根据邓巴的观点,这种友谊通常是你在生命中的某个时刻,通过广泛而深入的倾听建立起来的。这样的时刻一般指情绪低落的时候,比如在大学或成年早期,或者是个人危机时期,比如患病或离婚时。这就好像你已经进行了大量的倾听,即使是久别之后,你依然可以利用这些倾听到的东西了解和联系对方。换句话说,如果你过去能够很好地倾听某人,那么当你们久未相见或因为争吵造成情感上的疏远而不再同步后,你们会更容易回到原来的状态。

坐在科什办公室里皱皱巴巴的抱枕之中,我意识到,至少对那些找她寻求团体疗法的夫妇而言，重新沟通并不是一个快速或简单的过程。科什要求他们承诺能够参加为期一年的每月 4 小时的团体集会，外加一个周末的静修。此外，她在允许新的夫妇加入团体之前会对他们进行仔细审查。科什说，她需要确保他们"准备充分并且能够完成这些任务"。她的意思是他们要准备好倾听，不仅要倾听他们的配偶，还要倾听团体中的其他人。

寻求科什帮助的夫妇往往都存在极度的亲密关系–沟通偏差。曾经感觉完全同步的他们，现在却有一种互不了解的绝望感。双方都觉得对方对自己置若罔闻，这让他们在身体上和情感上都产生了疏离。他们对彼此的需求充耳不闻。但科什告诉我，当这些夫妇向大家诉说他们的不满时，有趣的事情发生了。即使讲话者的配偶没有在听，但其他夫妇都在倾听，这能让问题得到更清晰的表达。如前所述，一个专心的听众会改变谈话的质量。

你可能有过这样的经历：你身边的某个人（可能是你的配偶、孩子、父母、朋友等）在你们和别人交谈的时候，透露了一些你不知道的事情。你甚至可能会说："我怎么不知道！"这可能是因为别人的倾听方式与你之前的不同。也许那个人表现得更感兴趣，问了恰当的问题，没有妄自评判，或者很少打断别人。

想想看，你自己可能会告诉不同的人不同的事情，而这并不一定与你们之间的关系类型或亲密程度有关。你可能曾经和一个陌生人讲过一些你从来没有和别人提过的事情。你说了什么，说了多少，取决于你当时对听者的判断。如果有人只是假装在听，或者伺机挑你的毛病，或者只是为了插入自己的观点，那么你就不太可能真诚地倾诉心声，反之亦然。

通过一项由38个研究生进行的深入研究，并且在一个针对2 000名美国人进行的大型在线调查的佐证下，哈佛社会学家马里奥·路易斯·斯莫发现，人们在讲述最紧迫、最令他们忧虑的苦恼时，倾吐对象大多是和自己关系不太密切的人，甚至可能是他们偶然遇到的人，而不是配偶、家人和好友这些最亲近的人。[6] 在某些情况下，人们会刻意不把这些事情告诉自己最亲近的人，因为他们害怕不友善的态度、评判、回击或尴尬。这就涉及我们依据什么选择听众的问题。

"有些人比其他人更善于倾听，而倾听可以被提炼，可以被扩大，可以演变成一种艺术形式。"科什这样说，她的夫妻治疗团体课可以被称为高级倾听课堂。科什惯常的面部表情是睁大眼睛表示关切，她像乐队指挥一样调动着团体治疗小组，轮流从小组成员那里获得或多或少的信息，就好像他们是乐队中的演奏家。最初的对话可能会断断续续，有点跑题，但双方在建立信任后便逐渐能够理解对方的暗示以及错过的暗示，这必然带来突破。"这些人对彼此意义重大，因为他们在倾听彼此的感受，"科什说，"如果配偶没有在听，但其他人在听，这些人也会有所收获。"

小组成员之间甚至开始指责那些不听配偶说话的人。"现在的情况是，关于什么是好的伴侣关系，已经形成了一种新的规范。"科什告诉我，"你可以看到人们打破了他们养成的坏习惯，以前他们对此习以为常，从来不知道如何更好地倾听。"

举例而言，有个人被科什描述为典型的"男性说教者"，他的谈话风格是说教和挑毛病，结果他不知道如何与人亲近。"当他终于能够倾听并转述妻子的话时，尽管他的表情可能稍显尴尬，却好像在说，'哦……现在我明白了'。对这个男人来说，这是一个转折点，对他的伴侣来说也是如此，她会热泪盈眶的。这就是一个不知道如何倾听的例子。在他的成长过程中，他的家人既没有教过他如何倾听，也并不重视倾听。这不是他有意为之。"

然而，无论我们多么善于倾听或感觉自己与他人多么亲近，都永远不可能真正了解另一个人的想法，记住这一点很重要。窥探别人的隐私是失去别人信任的最快方式。陀思妥耶夫斯基在《地下室手记》中写道："每个人都有一些往事，除了自己的朋友外，他不愿意向所有人公开。有一些东西，他对朋友也不愿意公开，只有他自己知道，而且还要保密。但是最后还有一些东西，他自己都不敢说给自己听，可是这样的东西，任何一个正派人都积攒了很多很多。"[7]

这让我想起了丹尼尔·弗洛里斯告诉我的一个故事。弗洛里斯是美国得克萨斯州布朗斯维尔罗马天主教教区的主教。和科什一样，他也见过很多陷入困境的夫妇。这些夫妇总是让弗洛里斯想起他结婚65年的祖父母。他记得小时候坐在餐桌旁听祖母说起祖父："我永远也不懂他这个人。"弗洛里斯对此记忆深刻。"这是我的祖母，她深爱着这个男人，他们一起经历了风风雨雨，但他们之间仍然有一种不可捉摸的东西。"

弗洛里斯认为，我们都期待能够完全理解对方，这是使许多关系陷入困境的根源。"我们都渴望向他人表达自己，但试想即使有一个完美的人能够接收一切信息，我们也会感到失望的，"他说，"即使我们不能完全理解对方，也应该尽力尝试沟通并倾听对方，因为这就是爱。"

如果对方是与我们关系不太密切的人，我们在倾听对方时会产生一系列不同的偏见，但这些偏见也根植于错误的假设。最明显的是确认偏差[8]和预期偏差[9]，这源于我们对有序性和一致性的渴望。为了理解这个庞大而复杂的世界，我们在头脑中无意识地创建了许多文件夹，通常在人们开始说话之前，我们就已经把他们放入某类文件夹中。这些广泛的分类可以是受文化影响的刻板印象，也可以是基于经验的个人主义。[10] 在某些情况下，这样分类可以起到辅助作用，而且具有一定的准确性。但如果我们不小心急于归类和分类，那就会削弱我们的理解，并扭曲了现实。正是这种"是啊，是啊，我懂了"的综合征让我们在尚不了解别人是谁之前就对他们下了结论。

事实是，如果我们遇到的某个人符合我们的某种心理评估准则——这样的准则或许与性别、种族、性取向、宗教、职业或外表有关，那么我们会立即认为自己很了解他们，或者至少了解他们的某些方面。比如我告诉你我是土生土长的得克萨斯州人，这会改变你对我的看法吗？很有可能。根据你对一个得克萨斯州人的看法，我在你心目中的地位可能会提升或降低。如果你知道我身上有文身，情况也一样。这是一种反射性的心理倾向，它会使你的理解产生错觉，从而削弱你的好奇心和倾听的动力。在毫无察觉的情况下，你会有选择地只听那些符合你先入之见的东西，或者你的行为方式会让我确信你的预期。顺便说一句，文身的事情只是随便一说。

大多数人都认为别人会受到刻板印象的影响，却没有意识到自己也经常做出条件反射式的假设。研究表明，我们都怀有偏见，这是因为我们都有一种无意识的分类冲动，并且难以想象出那些没有亲身经历过的事情。[11] 我们都不能领会或完全理解那些与我们有着不同经历的人。与此同时，没有人可以宣称自己与我们所谓的同类人拥有相同的思维模式或价值观。当人们发表"像白人一样讲话"或"像有色人种的妇女一样讲话"之类的言论时，这都是不现实的。一个人只能说自己的话。

一个白人男子、一个有色人种妇女、一个福音派教徒、一个无神论者、一个流浪汉、一个亿万富翁、一个异性恋者、一个同性恋者、一个"婴儿潮"时期出生的人、一个"千禧一代"的人——每一个人都拥有自己独特的经历，这种经历可以把他们与其他任何被贴上标签的人区分开来。基于年龄、性别、肤色、经济地位、宗教背景、政治党派或性取向做出分门别类的假设，会贬低或削弱我们所有人。通过倾听，你可能会从共同的价值观和相似的经历中找到慰藉，但你也会发现许多你与对方存在分歧的地方，只有承认和接受这些不同之处，你才能学习并发展自己的理解力。我们的倾听能力受到广泛的集体认同观念影响，这阻碍了我们发现自己与他人独一无二之处的过程。

这涉及社会信号理论[12]和社会认同理论[13]，这两个不同但相关的理论至少可以追溯到20世纪70年代，它们关注的是人类如何间接地沟通状态和价值观。在更原始的时代，捶胸或在家族洞穴外悬挂大量动物毛皮的行为都可能是一种社会信号。社会认同可能与群体性有关。今天，我们衡量社会地位时所基于的信号包括人们开什么样的车、穿什么样的衣服、上哪所学校。[14]或者，我们根据人们的意识形态阵营来评判他们，如另类右翼人士、自由主义者、保守派、民主社会主义者、福音派、环保主义者、女权主义者等等。

发出信号和倾听行为之间存在着一种相悖关系。比如当你看到有人穿着一件印有"素食者是更好的爱人"的T恤，或者有人开着一辆贴着美国步枪协会保险杆贴纸的卡车时，你可能觉得你已经足够了解对方了。也就是说，他们可能非常认可这些有关身份认同的判断，这确实也能传递很多信息。但重要的是，你通过这种方式所了解的只是一个角色，而不是一个人，两者有很大的区别。在表层之下，有很多东西超乎你的想象。

在过去，缺乏安全感的青少年更有可能诉诸直接的信号来建立身份和群体关系（比如哥特人、预科生、运动员、瘾君子、极客、懒鬼、黑帮和朋克）。但今天，这已经成为一种更加普遍的现象。在我们这个日益分化的社会里，为了迅速建立起忠诚和默契，人们对自己的从属关系——尤其是政治和意识形态上的从属关系表现得更加明显和直言不讳。这些从属关系提供了一种归属感，也提供了曾由宗教组织提出的那种指导原则，而这些宗教已经相应地失去了拥护者。[15] 此外，当人们产生不安全感或孤立感时，他们往往会夸大事实，同时支持更极端的观点来获得关注。

毋庸置疑，社交媒体就是一个用于发出信号的定制平台。[16] 通过显示你关注的人或机构以及转发或点赞的信息或图片，你可以传递价值观和你认为很酷的东西。[17] 当你可以轻而易举地搜索某人时，谁还会去倾听呢？有种观点认为，Facebook、Instagram 或领英个人资料可以透露你需要知道的一切。然而，这正是为什么人们在遇到新朋友时不太愿意透露自己的姓名，因为他们担心对方会像翻抽屉那样搜索他们的数字信息，而不是从感官上了解他们。[18] 如今对约会而言，透露你的姓名被视为两人关系的一个重要转折点。这样的延迟行为反映了一种渴望，即人们希望对方首先将自己看作一个独立的个体而做更加深入的了解,而不是根据帖子、推文和其他信号做出判断——毕竟,这些并不是真实、准确的写照。

在 T. S. 艾略特 1915 年的诗作《J. 阿尔弗瑞德·普鲁弗洛克的情歌》中,他哀叹道,有必要"为你要见的人准备一副面容"。倾听可以让你发现"脸"(或 Facebook 个人资料)背后的那个人。它能让你越过表层的信号,更多地了解那个人——他们简单的快乐和夜不能寐的原因。通过询问和倾听,你可以让对方感受到你对他们的关注,同时也可以向你关心的人表明,你仍然对他们的发展和改变很感兴趣。

保持联系无非就是倾听对方的想法,也就是你们的联系频率决定着你们的关系有多么牢固和长远。人们很容易认为自己对最亲近的人有足够的了解,就像人们很难不根据刻板印象对陌生人做出假设一样,尤其是当这个人自己公开的社会信号强化了这种假设的时候。但是倾听可以让你避免落入这些陷阱,倾听会给你意想不到的结果。

第 5 章

不可错失机会：
读懂话语的情感基调和意味

假设有一个朋友告诉你他刚丢了工作。他说这没什么，因为他向来不喜欢他的老板，而且备受通勤之苦，今天他就花了一个半小时开车30多公里才到达办公室。他总是很晚回家，独自站在厨房里吃晚饭，因为他的妻子都是和孩子们一起吃饭，从来不等他。当说到不知道怎样把丢了工作的事情告诉家人时，他哽咽了。不管怎样，他清了清嗓子说，他原计划在墨西哥度一个垂钓长假，现在可能不得不取消了。

当然，你的应答取决于你对那个人的了解程度以及当时的具体情况，但一般来说，像"我很遗憾你丢了工作"或"你很快就会找到另一份工作"这样的回答都显得老套和欠考虑。"不做那份糟糕的工作更好"同样没有说到点子上。至于说"你认为这很糟糕吗？我被解雇的时候……"，也有点喧宾夺主了。一位好的倾听者会注意到那个人的说话停顿点，以及此时此刻他可能会受到哪些因素的困扰。好的倾听者可能会说一些类似这样的话："这么说，你现在必须把这个消息告诉家人吗？这真是不好办，你认为他们会有什么反应？"

美国密西西比大学综合营销传播教授格雷厄姆·博迪的研究表明，如果倾听者的回应不是点头、机械应答或者把你的话用另一种方式再说一遍，而是提供描述性和评价性的信息，那么对方更有可能产生被人理解的感觉。[1] 与"有效倾听是一种被动行为"的观点相反，博迪的研究表明，倾听需要解读和互动。你的狗可以"听"你说话，Siri（苹果智能语音助手）或 Alexa（亚马逊智能语音助手）可以"听"你说话，但无论是与你的宠物狗、Siri 还是 Alexa 交谈，最终都不能令人满意，因为它们不会以一种体贴的、感同身受的方式做出回应，这正是衡量一个人是否善于倾听的标准。

博迪告诉我："人们希望你能理解他们为什么要告诉你那件事，这对他们意味着什么，而不是单单让你知道这件事情。"问题是，大多数人在这方面做得真的很糟糕，这是他和同事反复得出的结论。他们的数据显示，倾听者与说话者产生共情的情况不到 5%。相比之下，我们的宠物狗也差不到哪里。

所以，重要的不是你的朋友丢了工作，而是这件事对他的情绪产生了怎样的影响。这就是倾听的艺术，尤其是当人们用很多无关紧要的信息（例如有关通勤、垂钓和他妻子的细枝末节）来轰炸你时，你要做一个侦探，不断地发问："为什么这个人要告诉我这个？"好的倾听者会通过提问和鼓励对方说下去的方式来帮助说话者理清思路。在你做出回应后，对方会说"是的，就是这样"或"你说得太对了"。

卡尔·罗杰斯是 20 世纪最具影响力的心理学家之一，他将以上方式称为"积极倾听"。也许是因为"积极倾听"听起来很有感染力，所以这个词在商界被广泛采用，但人们对它的含义知之甚少。事实上，我看到过一份《财富》500 强消费品公司的员工手册（一个管理培训生给了我这份手册，他在绩效考核期间被告知需要提升积极倾听的能力），该手册在定义"积极倾听"时丝毫没有提到对情感的解读，而只是强调另外一些事情，比如当别人说话的时候不要做出傲慢的表情，保持双唇闭合，不让对方感觉到你要插话。该定义的重点是一个积极的倾听者是什么样子，而不是一个积极的倾听者该做些什么。

罗杰斯这样描述自己在积极倾听时的状态："我听到了对方的话语、思想、情感基调、个人意向，甚至是说话者都没有意识到的东西。"[2] 对他来说，积极倾听更多的是开启一种接受模式，而不是做一些表面文章。我们要超越"仅仅回应事件本身"的层面，这只是在某种程度上重复我们所接收的信息。在谈话中，人们很少告诉你一些对他们来说无意义的事情。人们的脑海中出现一件事情，并且从口中说出来，是因为这件事情有意义，他们渴望看到别人的反应。通过理解那个人语言背后的意图，你便可以与对方建立联系。

如果一位同事告诉你她的办公室要搬到另外一层楼，你应该做何反应？她陈述的事实是，她的办公室将不在这一层，而是在另一层了。但她说这话时，是在微微叹息还是兴奋得喘不过气来呢？她是在按摩她的太阳穴，转动她的眼睛，还是扬起了她的眉毛？她说她要搬到另一个"该死的楼层"了吗？搬到另一个楼层对她来说意味着什么？为什么她要让你知道？

你可以根据她说话时的情形判断，她可能是因为不得不在繁忙的工作中抽出时间收拾东西而恼火；可能是因为她认为新的办公室更能凸显她在公司的重要性而兴奋；可能会因为恐高而担心新的办公室被安排在更高的楼层；也可能会因为她疯狂地迷恋你，之后离你的办公室更远了所以感到难过。如果你不像罗杰斯描述的那样做一个积极的倾听者，你就会错过信息背后的含义。在未来与她打交道时，你就会缺乏了解，或者不得要领。

当有人对你说话时，就好像是在抛给你一个球。不听或敷衍了事地听就像是让两臂贴在身体两侧，或者把目光移开，让球从你身边飞过，或者从你身上弹开。在上述任何一种可能的情况下，如果你对你的同事说"哦，好的"，或者"如果你需要的话，我这儿有一些搬运箱"，那都是大错特错。一个好的倾听者会寻找语调和语言之外的暗示，并追问一两个问题，进而给出更感性、更具体的回应，比如把你们事先约好的聚会改个日期，以免她疲于应对，或者接受她的爱意，告诉她你见不到她会很失望——如果不是两情相悦，不说也无妨。

如果你知道人是受情感支配的，他们的行为更多是出于嫉妒、骄傲、羞耻、欲望、恐惧或虚荣，而不是冷静的逻辑，那么这个世界就更容易驾驭。我们的行动和反应都源于我们的感觉。如果忽视这点，只是敷衍地听别人讲话（或根本不听），我们就会面临非常不利的局面。如果一个人看起来很蠢，没有感情，那只能说明你还不够了解他。J.P. 摩根说过："一个人做一件事通常会有两个理由——一个是好听的理由，另一个是真实的理由。"[3] 倾听能帮助你了解人们的思维模式和动机，这对建立合作和富有成效的人际关系是至关重要的，同时让你了解最好要避免哪种人际关系。

加里·诺斯纳在工作了 30 年后，于 2003 年从美国联邦调查局退休。在这期间的 10 年里，他是调查局里的首席人质谈判专家，他跟我说这意味着他是一位"首席听众"。诺斯纳现在是一名国际风险顾问，帮助客户处理海外绑架案。他喜欢把人们的故事想象成两个同心圆——就像一个甜甜圈，其中里面是事实，围绕事实的是更重要的感觉和情绪。他说："生活中发生的事情并不重要，重要的是我们的感受。从电视上看，人们认为进行人质谈判是施展绝地武士①的思维技巧，能让对方神奇地放下手中的枪，或者你只用了一个极好的理由就说服对方投降了。但真正的谈判者都是在倾听，试图理解对方的想法。"

诺斯纳描述了一名男子拿枪指着前女友的场景。"我说，'告诉我发生了什么事'。我听着，然后对他所说的话做出反应，'在我听来，她这样说真的伤害了你'。"诺斯纳说，"我很同情他，耐心地听着他说。他的朋友和家人可能都不曾听他倾诉，否则他也不会走到这一步了。虽然倾听很简单，但我们在日常生活中做得不够。"

当发生大规模枪击或恐怖袭击时，认识行凶者的人通常会说行凶者"很孤僻"；家人一般会说他们已经不联系了，或者不知道这个人出了什么事。在纪录片《科伦拜恩的保龄》中，重金属音乐家玛丽莲·曼森在被问及他会对孩子以及校园枪击案（有人说枪击者是受了曼森音乐的启发）发生地的人们说些什么时，他回答说："我一个字也不跟他们说，我会听他们说些什么，没有人这样做过。"[4]

犯罪学家发现，群体枪击者通常不是精神病患者，而是抑郁和孤独的人，他们的动机通常是复仇的欲望。[5] 全力追踪是一家追踪枪支

---

① 绝地武士，电影《星球大战》中保卫、维护银河系安定的武士群体。——编者注

暴力的非营利性新闻机构。该机构发现，在大规模行凶者中，一个惊人的普遍现象是他们与社会都有着深刻的疏离感。⁶无论行凶者是心怀不满的员工、失和的配偶、问题少年、潦倒的企业主、"圣战"分子，还是饱受创伤的老兵，情况都是如此。他们都有一种感觉，那就是没有人听他们说话，也没有人理解他们，而他们也不再听任何人的话，只是被他们说给自己的那些扭曲的东西感动。

对诺斯纳来说，倾听不仅是一种危机谈判策略，也是他获取对方信任的方式。在和他交谈的过程中，你会觉得自己是他唯一的焦点。他专心致志地听你说话，这让你觉得他很亲近，这种亲近感令人难以置信，或者难以抗拒。数十名被他降伏的罪犯表示，他们不知道他说了什么，但他们喜欢他说话的方式。他实际上很少说话，但当他做出回应时，能够准确地说出他们的感受。

每次出差，诺斯纳都会去旅店酒吧吃晚餐。"看着酒吧里的其他人，我对自己说，'我要和这个人聊聊，听听他的故事'，"他说，"当你完全专注于某个人时，你不知道能了解到多少东西。"例如，他遇到过一个喜欢走钢丝的推销员。"那次谈话太美妙了。"诺斯纳说，他回忆起那个家伙说自己在后院两棵树之间的钢丝上练习行走，并在一开始的时候用精心制作的衬垫和安全带克服了自己的恐惧。

就像芝加哥大学研究中的通勤者在试图与陌生人交谈时没有遭到拒绝一样，诺斯纳也想不起有谁不愿意和他交谈。事实上，直到他回到旅店房间时，对方也不知道和自己聊天的人是联邦调查局前首席人质谈判专家。他们都说个不停，甚至没有空当提问。

这让我想起了一个人们经常说起的故事，这个故事有关得克萨斯州一位石油大亨的儿子、已故的迪克·巴斯。他以雄心勃勃地参加登山探险活动而闻名，凡在对方听力所及的范围内，他都会把自己参加过的活动如数家珍地说给任何人听，即使对方只是飞机上碰巧坐在他旁边的某个男子。在那次国际长途飞行中，巴斯像以往一样讲述了他在德纳里山和珠穆朗玛峰遇到的险情，以及他差点儿死在喜马拉雅山的那段经历，还有他再次攀登珠穆朗玛峰的计划。当他们准备着陆时，巴斯意识到他没有好好地介绍自己。"没关系，"对方伸出手说，"我叫尼尔·阿姆斯特朗（登月第一人），很高兴认识你。"[7]

当你滔滔不绝、没有倾听的时候，你就会错过很多机会（而且可能看起来像个傻瓜）。谈论自己的事情并不能增加你的知识储备。再强调一遍，你已经很了解自己了。当你结束一段对话时，不妨问问自己，我刚刚从那个人身上了解到了什么？那个人今天最关心的是什么？那个人对我们谈论的东西有什么想法？如果你回答不出这些问题，那可能就需要加强倾听能力了。"如果你总是认为自己已经知道了一切，那你的成长、学习、联系和进化能力就会受到限制，"诺斯纳说，"我认为，一个好的倾听者应该乐于倾听他人的经历和想法，并接受他人的观点。"

对他人的接纳与好奇是一种心态，但能够以感性的回应认同他人的观点，获得对方的信任，使其愿意说下去，则是一种成熟的技能。诺斯纳是个很好的倾听者，他拥有丰富的倾听经历。只有具备认知意识、专注力和相关经验，才能发掘和理解真正的交流。好的倾听者不是天生的，而是后天养成的。

第 6 章

像乌龟一样说话[1],像兔子一样思考:"语音—思维"差异

你有没有这样的经历：当和别人说话的时候，你会因为自己的想法而分心，就好像你把对方调成了静音一样？虽然对方的嘴唇在动，但你什么也没听到，直到一个偶然的字词，比如"性""股票提示""借你的车"，才让你重新集中起注意力——"等等，你说什么？"

你在谈话中的短暂神游是由"语音—思维"差异造成的，这种差异指的是我们思考的速度比别人说话的速度快得多。[2] 一般人平均每分钟说120~150个词，这只占我们大脑"带宽"的一小部分，而大脑的"带宽"由860亿个脑细胞提供能量。[3] 因此，我们会在自己过剩的认知容量中游走，思考大量其他事情，这让我们无法专注于说话者的讲述。

当别人说话的时候，我们的思想会开小差，时而想到自己的牙齿间是否塞了菠菜，时而提醒自己在回家的路上要买牛奶，间或担心停车计时器上还剩多少时间。我们会因为说话者的头发、衣着、体型或者一颗很大的痣而走神。当然，最让人分心的是思考接下来该说些什么：是文雅的、机智的回应，还是在有争执的情况下抛出极具杀伤力的话。

不可避免的是，我们会陷入自己的沉思，结果分神太久，有点跟不上对方在说什么。由于错过了某些谈话内容，我们会无意识地（而且常常是不正确地）脑补空白。在小说《夜色温柔》中，弗·司各特·菲茨杰拉德描写得很传神："她偶尔也能听明白他话里的意思，并下意识把这些话接下去，犹如一个人在钟声敲到一半时，只是凭心里回荡着的，而起初并未计数的敲击节奏就能继续敲下去一样。"结果，这个人说的话就没么有意义了。与其承认自己迷路了，他们宁愿再次回到自己的遐想中去。

认为高智商能让你更好地规避这些思维偏差的想法是错误的。事实上，聪明的人往往是更糟糕的倾听者，因为他们有更多可以思考的事情，而且更有可能认为他们已经知道了那个人将要说什么。高智商的人往往更神经质，更有自我意识，这意味着他们的注意力更有可能被担忧和焦虑劫持。[4]

由于内向的人更安静，所以通常被视为更好的倾听者，但这个认知也是错误的。对内向的人来说，倾听尤其具有挑战性，因为他们的脑子里有太多的事情要处理，很难腾出空间来进行额外的交流。[5]因为他们往往很敏感，所以可能很快就会达到思想饱和。倾听的感觉就好像在忍受攻击，让人很难继续听下去，尤其是当"语言-思维"差异使他们的思想产生漂移时。

美国明尼苏达大学修辞学教授、被许多人视为"倾听研究学之父"的拉尔夫·尼科尔斯曾写道："是利用还是误用这些空余的思考时间，决定着一个人能在多大程度上把注意力集中在对方讲的话上。"[6]尼科尔斯最开始的职业是高中的演讲老师和辩论教练。他注意到，那些训练过听力技能的学生在辩论中更有说服力。[7]这一认知激发了他的兴趣，他在2005年去世之前就倾听问题撰写了许多文章并出版了多部书籍。

根据尼科尔斯的说法，做一个好的倾听者意味着要有效利用你的"带宽"，加倍努力地去理解和感知别人在说什么，而不是在思维上开小差。他说，做一个好的倾听者就是要不断地问自己，人们给出的信息是否有效，他们告诉你这些信息的动机是什么。

这看起来很简单，但由于缺乏意识、意图和大量的练习，即使是在最简短的谈话中，也很少有人能做到这一点。尼科尔斯对数千名学生和商人进行了研究，他发现在一次简短的谈话后，不管人们认为自己听得有多认真，大多数人都会漏掉至少一半的谈话内容。[8]两个月后，大多数人只能记得25%的谈话内容。为了超越这些平均水平，一个很有效的方法是把倾听想象成冥想。你可以让自己意识到并且承认自己走神了，然后重新集中注意力。但你的注意力不要集中在呼吸或某个影像上，而要回到说话者身上。

或许我们保持思维跟随对方讲话的最大障碍是，我们总是担心轮到自己讲话的时候该说什么。杂七杂八的想法（比如你需要在百货商店里买些什么东西）比较容易驱逐，但你很难不去想接下来该怎么应答。无论是在职场中还是个人生活中，无论是一场至关重要的谈话还是随意交谈，每个人都害怕自己显得笨嘴拙舌，更害怕说错了话。

在我们这个两极分化日益严重的社会中，说错话的风险似乎更高，人们随时可能被抓住不放，或者自己会在网上发布一些能够感知到或纯粹臆想出来的负面言论。鉴于社交平台上网友可能群起攻之，人们有理由担心自己会因为一时失言而蒙受个人羞辱或断送职业生涯。措辞必须谨慎，这导致我们在对方还在说话的时候就在权衡我们该说些什么。

舞蹈演员兼编舞莫妮卡·比尔·巴恩斯以其有力、自信的表演而闻名。她在舞台上昂首挺胸，轻松自如地舞蹈，展示了一种自信的力量。但她告诉我，她感到自己很难做到全身心地倾听。她认为"问题在于，你要允许自己在谈话中表现得不那么完美。倾听的关键是你不要担心接下来要说些什么"，进而允许"别人的观点和想法越过你的边防线"。

具有讽刺意味的是，如果你一直处于守势而不能全身心地倾听，其实更有可能做出不恰当或迟钝的回应。你越想说正确的话，你错过的就越多，你说错话的可能性也就越大。就像尼科尔斯辩论课上的学生倾听后更有说服力一样，当你理解了对方要说的所有内容时，你就可以做出更好的应答。如果需要的话，你可以在对方说完后停顿一下，想想自己要说什么。虽然我们对沉默有一种恐惧，几乎感觉和说错话一样严重（稍后再详细讨论），但在别人发表评论后停顿一下实际上对你有利，因为这是专注的表现。

一位美国外交官告诉我，他之所以选择结婚，是因为"妻子在我说话后会停顿几拍。我看得出她在思考我说的事"。然后他又补充道："妻子是我的第二个约会对象。我没有选择初恋，因为她不怎么听我说话。"同样值得指出的是，当不知道自己该如何回应的时候，你可以说"我不知道该说些什么"，也可以说"让我想想"。这些话的意思是，你尊重对方所说的话，并愿意花时间去思考，而你不确定、需要时间考虑的行为也不失体面。

妙语连珠可能并不是与人沟通的最佳方式。事实上，根据自体心理学的原则，人们失言后可以进行纠正，而这能够加强你与他人的联系。自体心理学在20世纪60年代由奥地利精神分析学家海因茨·科胡特首次提出，但在过去 10 年中才得到更广泛的认可。[9] 的确，想想那些你在生活中信任的、感觉最亲近的人，他们无疑都是些犯过错后自我纠正的人。

如果你总是担心接下来要说什么，结果反而对你不利。如果你能聚精会神地倾听，你的应答会更恰当，你与对方的联系会更紧密，而你也会感到更自在。这样还能使谈话变得更有趣味，因为你能吸收更多的信息。你不仅要听对方在说些什么，还要用你过剩的脑力去注意对方的肢体语言和语调变化，同时考虑上下文和说话动机。

以初次见面为例，我们经常会错过别人在说什么——包括他们的名字，因为我们在分神打量他们，思考自己会给对方留下什么印象以及接下来要说什么话。当你遇到一只狗的时候就不会这样，这就是为什么你更容易记住狗的名字，而不是狗主人叫什么。但是，如果你集中精神，充分倾听对方的开场白和非语言表述，那将是非常有趣的，你也能很快地了解对方的不安全感和价值观，这样你会更容易记住别人的名字。

假设你在一个聚会上分别遇到两个女人。一个女人直接告诉你她上的是常春藤盟校，另一个女人马上谈起那晚没能和她一起前往的丈夫。她们真正想传达的是什么意思？或许第一个女人是想说"我很聪明,崇拜我吧",第二个女人的意思可能是"我在这个世界上并不孤单,有人爱着我"。

这有点像电影《安妮·霍尔》里伍迪·艾伦和黛安·基顿在屋顶平台上尴尬交谈的场景,而最下面的字幕解读着他们真正想表达的意思。[10] 好的倾听者会注意说话人的潜台词,以及一些微妙的非语言细节(比如那位常春藤盟校校友紧绷的下颌,或者那个单独参加聚会的妻子不停转动结婚戒指的动作),而不是沉溺于自己的思想、不安全感和肤浅的判断。好的倾听者会用他们过剩的脑力去注意这些事情,而不仅是收集词句。

你可能有过这样的经历,当你全神贯注于一场谈话时,你会忘记了自己,忘记了时间的流逝。不是所有的对话都能达到这种境界。意识到并抵制内心的杂念,你就能自我解放出来,走进别人的故事。这样的倾听体验不仅会让我们着迷,而且会在我们的内心中沉淀,并形成我们的品格。即使你不喜欢某人,并且永远不想听他们说话,这个策略也会对你有所帮助。

几年前,我采访过一位著名诗人。尽管他的诗歌很感性、有亲切感,他本人却很爱发脾气。"你什么都不知道吗?"当我表示自己对他欣赏的一位作家并不熟悉时,他这样问道。尼科尔斯和其他沟通专家的研究表明，在这种情况下，人们通常会停止倾听。可以理解的是，他们会不停地想着说话者是个怎样的浑蛋，以及如何回击或摆脱对方。

　　至于那位脾气暴躁的诗人，由于工作在身，所以我不得不继续听下去。于是，我发现他是那么渴望给人留下深刻的印象，他把自己认识的名人和获得过的奖项统统塞进了谈话中。他对我的蔑视似乎包含先发制人的性质，唯恐我先瞧不起他。当他更多地谈到自己的生活和兴趣时，他表现出的是一种忧郁和不安全感，这时他才更像一位名副其实的诗人。如果我当时心烦意乱，反复想着他的粗鲁言行，我就会错过他真情流露的时刻。在谈话过程中，他时而会把通向内心世界的门打开一条小缝，接着又甩出一句不客气的话，狠狠地把这扇门关上。虽然我不能说我最终对他有了好感，但我能够在一定程度上理解他，甚至同情他。

第 7 章

接受多种真理并存的可能性：
你的不安感从何而来

在哈佛大学法学院开设的谈判课上，吉里恩·托德告诉学生，在倾听时要时刻注意自己内心的状态或态度。她对这些学生讲，如果他们认为对方言之无物，浪费了自己的时间，或者感觉对方怀有敌意、卑劣或无趣，那么无论他们怎样点头、应和或注视对方的眼睛，都会显得虚假，这样的商谈也不会取得成效。"你的内心应该怀有某种好奇。"托德告诉她的学生。这意味着他们的提问必须出于好奇心，而不是为了证明某个观点，给对方下套，改变某人的主意或者让对方看起来很愚蠢。

她的学生难以接受这种说法。大多数人都通过清晰有力地阐述自己的观点和立场而取得了学术进展。如果不设防地去倾听别人的意见会不会让自己的立场不坚定呢？"我的学生明确地表达了这种恐惧，"托德在课间告诉我，"他们担心，如果他们真的去关注或理解对方的观点，就会忽视了那些自己所重视的东西。"

这就是为什么人们会选择倾听那些与自身观点相符的个人和媒体言论。同样的原因，如果某人与你的观点出现分歧，那么在这个人的话还没有说完之前，你就会忍不住去反驳他们，更不用说出现抱臂、叹气或翻白眼等非语言的抵制动作了。我们几乎不由自主地这样做，因为当我们心中根深蒂固的信念或立场受到挑战时,即使有一丝迹象表明我们可能错了,也会让我们感觉像是受了威胁。

位于美国洛杉矶的南加州大学大脑与创造力研究所的神经科学家招募了一些政治立场坚定的受试者,并使用功能性核磁共振成像仪器观察他们在自己信念受到挑战时的大脑活动。[1] 这个时候,他们大脑的部分区域被激活了,就好像他们正在被一只熊追赶。当处于战斗、逃跑或冻结模式时,我们很难去倾听别人。(这就好像你在被熊追赶的时候不会问:"熊先生,请告诉我,你为什么追我?")

近年来有持反对意见的学生表示,他们在听取对立观点时会有一种不安全感。[2] 布鲁金斯学会针对全美大学生进行的一项调查显示,超过半数(51%)的受访者认为,如果他们不同意某个演说者的言论,"完全可以"大声喝止其说话,还有几乎 1/5(19%)的人支持使用暴力阻止该演说者发表演说。[3]

政客同样拒绝思考对手的建议,并称他们的想法是"危险的"。[4] 如今,政治对手不可能像当年美国众议院议长、民主党人蒂普·奥尼尔和共和党总统罗纳德·里根那样以诚相待了。这两个人经常在白宫一起喝酒,在经过了一场党派之争后[5],奥尼尔对里根说:"老伙计,那就是政治——6 点钟以后,我们就可以做朋友了。"[6] 他们愿意交流,愿意放下戒备，愿意倾听，这就是为什么历史学家说，他们两人能够达成共识，从而通过了具有里程碑意义的社会保障改革立法。[7]

美国亚利桑那州参议员约翰·麦凯恩曾在里根执政期间任职，其间始终秉持两党合作的精神。在 2018 年因脑癌去世之前，他曾告诫他的同僚回到"正常秩序"中来，即由两党成员组成的委员会起草立法。他呼吁他的国会同僚倾听不同党派的声音，而不是起草一党法案，这些法案一到国会就被否决，甚至连被投票的机会都没有。麦凯恩在发表于《华盛顿邮报》的一篇社论中写道："我们可能不喜欢正常秩序中的妥协成分，但要想找到真正的、持久的解决方案，我们就能够而且必须接受这些妥协。在这种严重两极分化的氛围下，我们所有的国会议员都有责任在美国公众面前捍卫妥协的必要性。"[8]

如果麦凯恩知道他的同僚后来在臭名昭著的发言棒事件中如何表现，他可能会很失望。[9] 在 2018 年美国政府两次停摆的第一次停摆期间，缅因州参议员苏珊·柯林斯曾把一根带有彩珠的发言棒交给聚集在她办公室进行两党预算协商的同僚，希望给协商过程注入一些礼貌的元素。发言棒是北美和非洲原住民的传统，只有持棒者才能说话，其他人唯有倾听。但在柯林斯的办公室里，没过多久，一个参议员就把棒子扔向了另一个参议员，同时砸中了旁边架子上的一只玻璃象。

当然，没人会等待轮到自己的时候再发言，也没人会在社交媒体上听取让自己感到不舒服的观点。具有民主色彩的是，每个人都可以发表未经干涉和审查的意见。但违背民主精神的是，人们只会选择性地听取那些与他们自己的立场一致的意见，这就会让狭隘的想法和所谓的选择性事实滋生。[10]美国总统特朗普经常使用Twitter，这代表着国家政治的一种转变。特朗普有句知名言论："我的首要顾问是我自己。"[11]左翼和右翼人士可以在网上发表自己的意见，以不可一世的姿态推进他们的论述，恶意中伤他人，屏蔽或删除自己不喜欢的内容和评论。

其结果是，我们不再依赖于常见的资讯来源。任何人和任何机器人都可以立即发表意见和评论。这些帖子通常是浓缩在140个字符以内的畅所欲言的推文（带有感叹号），然后这些推文被转发或点赞，没有人考虑其来源、动机或准确性。在虚拟的Twitter和Facebook之间进行交流，比面对面的交流更为激烈，其结果是，不文明和极端的政治、文化争论愈演愈烈，从而滋生了不信任感、刻薄的言论和恐惧情绪。

这让我们回想起被熊追的感觉。美国皮尤研究中心发现，大部分美国人现在不仅对反对党的成员感到懊恼和愤怒，而且还有一种恐惧感。[12] 55%的民主党人说他们害怕共和党，49%的共和党人害怕民主党。长期从事政治研究的弗兰克·伦茨曾对1 000人做过有关政治对话方面的访谈。他发现有近1/3的人表示，自2016年大选以来，由于政治分歧，他们已经不再与朋友或家人交谈。[13]

自2016年以来，亚利桑那大学国家公民话语研究所收到的干预请求大幅增加，原因是政治仇恨正导致家庭成员、教堂会众和同事彼此对立。马萨诸塞州坎布里奇的一个名为关键伙伴的同类组织也称，越来越多的人在呼吁该组织帮助因政见分歧而发生争执的人们进行礼貌的对话。

美国国家公民话语研究所[①]执行主任卡洛琳·卢肯斯迈耶告诉我，该机构此前的工作主要是协调那些陷入无望的党派之争和僵局的州立法机构。"但我们现在看到了一个重大的转变，人们会在日常生活中（工作、家庭、学校、教堂）互相诋毁，把对方妖魔化。"她说，"这种互相排斥和反感的程度有些极端，并且具有破坏性。"

正如吉里恩·托德对学生所说的那样，当你提醒自己保持冷静、开放、好奇的姿态，而不是愤怒、激动或警觉的姿态时，你就有可能

---

① 美国国家公民话语研究所成立于2011年，成立的缘由是亚利桑那州前国会女议员加布丽埃勒·吉福兹遭遇枪击。

降低内心的警惕，或压抑住说"不对，你这个蠢货"的冲动。更有效的做法是倾听别人是如何得出他们的结论的，思考你能从他们身上学到些什么——不管这将改变还是支持你自己的想法。当你满怀敌意地想要反驳那些与你见解相悖的人时，你不妨先做个深呼吸，然后问他们一个问题，目的不是要揭露对方的逻辑缺陷，而是要真正地拓展你对他们的理解。

事实上，只有允许自己的信念被质疑，我们才能进一步验证它的正确性。自信的人不会被不同的观点激怒，也不会在网上横加驳斥，发泄怒气。有安全感的人不会在不知道别人是谁的情况下，就认为他们是不可救药的蠢货或者心怀恶意。我们不能仅仅以某些标签和政治立场来判断一个人，而且，提出有效异议的前提是，你要完全理解对方的观点，以及他们形成这种观点的缘由。他们是如何得出现有观点的？以及你又是如何得出自己的观点的？倾听是做出明智回应的唯一途径。此外，倾听能够产生回环效应，你倾听过的人更有可能倾听你的观点。

―∿∿―

无论是在政治意识形态、伦理问题、商业交易还是个人事务上，我们的生活中都会不可避免地出现分歧和尖锐的意见冲突。"倾听研究学之父"拉尔夫·尼科尔斯曾建议,无论是什么样的争论,人们都要注意倾听,寻找自己有可能出错的迹象,而不是在别人的论点中找漏洞,更不要把自己的耳朵堵起来,或把别人完全从你的生活中剔除出去。这需要一定的包容心,但如果你对"自己可能是错的,或者至少不是完全正确"的可能性保持开放的心态,那么你将从谈话中获得更多的东西。

这种方法是有科学依据的。参与高阶思考可以抑制杏仁核的活动,杏仁核是大脑原始部分的两个杏仁状结构之一,当我们感知到威胁时,它会使我们做出反应(脉搏加速、肌肉紧张和瞳孔放大)。[14] 当你看到一条蛇时,杏仁核会让你本能地跳起来;当有人向你扔东西时,你也会反射性地闪开。同样地,当有人超车或者在 Twitter 上说一些不合情理的刻薄话时,杏仁核也会让人们陷入盲目的愤怒,并失去理智。

研究表明,杏仁核的活跃度和大脑中负责认真倾听区域的活跃度之间呈反比关系。[15] 如果其中一个大脑区域活跃起来,另一个就会变得不活跃。杏仁核的活跃度会影响我们的判断力,使我们停止思考,丧失理性。当出庭律师让客户进行紧张的模拟质证时,他们实际上是在训练客户的杏仁核,使之变得温和,这样在实际的审判中,他们就不会被激怒，做出不利于案件的慌乱或对抗性回答。

有趣的是，根据美国杜克大学心理学和神经科学教授艾哈迈德·哈里里的研究，杏仁核过于活跃的人更容易患焦虑症和抑郁症。[16] 他的实验室研究了杏仁核，以及个体在压力下时杏仁核受到刺激的程度如何变化。例如，那些被称为"直升机父母"的人所培养出的孩子在面对逆境时往往会有过度活跃的杏仁核。[17] 他们可能会有一种夸大的威胁感，因为他们的父母总是对他们进行干预。同样值得注意的是，研究发现，孤独症患者在儿童时期杏仁核内的神经元过多，这使他们反应过度，而成年后他们神经元又过少，常常使他们在情感上反应不足或表现平淡。[18]

哈里里告诉我，在不太遥远的过去，我们的杏仁核可以帮助我们对抗或逃离现实的威胁，如狮子、老虎和熊，但今天，我们最担心的往往是被社会抛弃、孤立和排斥。他说："我们能登上动物王国的顶峰，与我们的社交能力，以及互相学习、互相帮助的能力息息相关，但与此同时，这也使我们更容易受到轻视和侮辱。如今，其他人对我们的福祉构成了最大的威胁，这一点在各种社会焦虑中得到体现。"

这就解释了为什么人们在意见不一致的时候会爆发出激烈的争吵，而不是互相倾听。在那一刻，原始的大脑将观点不同的情形诠释为被部落抛弃，面临孤立和不受保护的境况，于是愤怒和恐惧油然而生。这就是为什么政治上的分歧会破坏家庭聚餐，朋友之间也会因为一些无关紧要的事情互殴，比如争执《星球大战》和《星际迷航》这两部科幻电影哪一部更好（确实有这样一件事发生在俄克拉何马市，当事人因人身攻击和殴打他人而被捕）。[19]但是，如果我们能够克服由杏仁核激活的防御机制，那么倾听实际上能够使我们这个物种获得安全与成功。

心理学家卡尔·罗杰斯创造了"积极倾听"这个概念，他曾表示听取反对观点是个人成长的唯一途径："虽然我仍旧讨厌重新调整我的思想，不愿意放弃原有的感知与构思方式，但在更深层次上，我深深意识到这些痛苦的重组就是所谓的学习过程。"[20]

倾听和思考不同的意见并非易事。对那些通过承诺坚持自己的观点而当选的政客来说，这不是一件容易的事情。媒体人也很难做到这点，因为他们的读者都希望看到符合自己信念的东西。我们同样很难去倾听和思考不同的意见，因为人们越来越多地将自己的社交圈局限于那些认同自己政治倾向和意识形态的人。

在当今世界，与持有不同观点的人交往几乎被视为背叛行为。一位政治立场偏左的景观设计师告诉我，她在Facebook上看到一个儿时的朋友参加了特朗普的集会后,就再也不想和这个人说话了。"无法挽回,"她说,"他的任何解释都不能令我接受。"同样,一家公司的飞行员告诉我,他不会和那些支持伯尼·桑德斯或亚历山德里亚·奥卡西奥-科尔特斯等极"左"政客的追随者一起飞行。"这表明他们的判断力差,缺乏基本的分析技能。"

英国浪漫主义诗人约翰·济慈在1817年写信告诉他的兄弟,要想成为一个有成就的人,就必须具备"消极能力"。他将这种能力描述为"能够处于不确定、神秘、怀疑之中,而不会急躁地追寻事实和理由"。[21] 好的倾听者都具有消极能力,他们能够处理相互矛盾的思想和灰色地带。好的倾听者知道事情通常比其初次显现的复杂得多,他们并不急切地理出头绪,也不急于立刻获得答案,这也许与心胸狭窄的人正好形成对比。消极能力也是创造力的根源,因为它可以引导人们以新的方式思考问题。

在心理学文献中,消极能力被称为"认知复杂性"。[22] 研究表明,它与自我关怀呈正相关,与独断主义呈负相关。认知更复杂的人能够更好地存储、检索、组织和产生信息,因为他们能够无焦虑地倾听,而且对各方的意见都持开放态度,这使他们更容易建立联系并提出新的想法,并且能够做出更好的判断和更合理的决定。[23]

众所周知，苹果公司联合创始人史蒂夫·乔布斯会雇用那些敢于对他的想法进行猛烈回击的员工，就像他常常暴躁地驳斥他们的想法一样。苹果公司甚至每年都会颁发一个奖项，奖励那些在乔布斯面前最能据理力争的员工。[24] 乔布斯知道此事并且很喜欢这个主意。他似乎在寻找这样的人：当他不由自主地对他们蛮横无理的时候，他们可以强迫他去倾听。据说有一次，一名员工与乔布斯发生了争执，但最终还是让步了。尽管他已经精疲力竭，但仍然坚信乔布斯的逻辑是错误的。当事实证明这名员工是对的时，乔布斯痛斥了他一顿。[25] "你的工作就是说服我，让我知道自己是错的，"乔布斯说，"你却没有做到！"

与之相比，苹果前首席设计官、曾负责监督苹果最重要的产品（包括苹果电脑、苹果手机、苹果多媒体播放器和苹果平板电脑）开发的乔纳森·艾维则表示，管理者最重要的作用是"让安静者有发言权"。尽管乔布斯和艾维有不同的倾听方式——也许是不同的容忍度和倾听能力，但他们似乎都了解倾听的重要性。倾听是创新的动力。没有倾听，就很难了解诉求和发现问题，更不用说提出漂亮的解决方案了。

倾听并不意味着，也不表示你同意某人的观点。它只是意味着你接受了他人观点的正当性,并且有可能从中学到一些东西。这也意味着你接受了多种真理并存的可能性,并且能够理解所有这些真理可能会引出一个更大的真理。好的倾听者知道理解力不是二元的,并不是只有"有"和"无"两种状态。你的理解力总是处于不断提升之中。

第 8 章

什么是最重要的事情：
大数据时代的倾听

在亚利桑那州坦佩市一座铁锈色的孤山上，坐落着一处长满丝兰和仙人掌的度假村。在这里，国际定性研究咨询协会的年会于一片嘈杂声中举行。对一群专业的倾听者来说，这场聚会出人意料地喧哗和疯狂。会议中心以美国原住民为主题布置了多间会议室，与会者穿梭于这些会议室，参加不同的活动，以至地毯的绒毛上都留下了来来回回的磨损痕迹。从我背包里的会议手册来看，我们的参会目的是"专注于掌握有关发现与分享见解的艺术和科学"。这些人下午还会去参加日出瑜伽和冰激凌圣代吧的活动。

国际定性研究咨询协会是受各个企业、政府机构和政治候选人雇用，为其收集意见的机构。人们当想获知大众对其产品、平台、标识或广告活动的看法时，就会雇用这一机构进行定性分析。数十年来，定性研究的黄金标准一直是组建一系列的焦点小组进行讨论，但从国际定性研究咨询协会的会议上可以看出，选择更快、成本更低的方法如今已经成为明显趋势，这更依赖技术，而不是邀请人们围坐在一张桌子旁边分享他们的观点。

会议室里挤满了推销产品的商家，他们承诺其产品让你无须倾听就能够获取人们的意见、运动行为、信仰和欲望。其中一个展台上有一个类似于谷歌眼镜的生物测量仪器,它可以追踪人们的生理信号,如瞳孔扩张、体温、血压和心率。还有一个电脑程序,用户可以通过在程序中选择图像来表达他们对产品或服务的感受,比如小猫的图像代表好,蛇代表不好。

在会议的一次分组讨论中,一位戴着鼻环的"千禧一代"做了一个演示,内容是如何使用Tinder(一款手机交友应用程序)、色拉布和沙发客等应用程序进行定性研究。她向我们展示了如何利用社交媒体来吸引受试者回答问题(例如有关女性卫生用品或冷冻食品方面的问题)。作为演示文稿展示的一部分,她向我们展示了她在社交软件Tinder上使用的头像。就像人们通常放到Tinder上的照片一样,她的头像是现实的增强版,照片里的她骑着一辆摩托车。这时一个戴着半框眼镜、穿着一双舒适鞋子的女性观众问道:如果头像是像她这样的老年人,人们被吸引的可能性有多大?一个声音在我身后嘀咕着说,Tinder上有很多"奇葩",他们会被任何东西吸引。

那一刻,我想"焦点小组之父"罗伯特·默顿准会在坟墓里不得安宁。20世纪40年代,哥伦比亚大学社会学家默顿受聘于美国战争信息办公室[1],专门研究宣传领域[2],以找出什么样的反纳粹宣传对美国人民最有效果。他的方法就是所谓的"焦点访谈"。[3]他会召集一个小组，问一些具体的、探索性的问题，并将这些回答记录下来。事实证明，这个方法比之前的途径更有效。他之前的做法是，召集更多的人，让他们在回答更一般性的问题时按下绿色（代表喜欢）或红色（代表不喜欢）的按钮。

例如，有人认为把纳粹描绘成嗜血的野蛮人会激发人们的参战欲望，但事实恰恰相反，人们按下了红色按钮。通过焦点访谈，默顿发现这是因为人们担心我们的小伙子会被纳粹异教徒屠杀。他发现真正能让公众团结起来的是强调美国价值观的宣传，如荣誉、民主和理性。

没过多久，美国的公司和广告商就听说了默顿的神奇本领[①]。利用焦点小组完善产品的早期案例之一是贝蒂克罗克蛋糕粉，这种蛋糕粉最初含有鸡蛋粉，人们要做的就是加点水而已。但这种蛋糕粉并没有受到美国家庭主妇的欢迎。20世纪50年代的一个焦点小组找到了原因——这些女性说她们在使用这种商品时感到内疚，因为这样调拌的方式让制作食品看起来太简单了。

因此，拥有贝蒂克罗克品牌的通用磨坊调整了配方，把鸡蛋粉去掉，让家庭主妇在烘焙过程中发挥更大的作用。她们必须打入一些鸡蛋并加水搅拌，进而让人感觉这更像是一种诚实的劳动。新鲜的鸡蛋

---

① 一个有趣的事实是：默顿在成为大学教授之前是个魔术师。

让蛋糕更蓬松,这并没有坏处。重点是,我们还是需要在焦点小组中听取消费者的意见,才能带来改善。[4]

很快,焦点小组的意见决定了商店货架上许多产品的外观和内容。直到今天,其仍然对产品开发、如何提供服务以及我们观看什么电视节目和电影有着巨大的影响。政治候选人则通过焦点小组来决定他们支持什么议题以及如何打理他们的头发。

然而,如今越来越多的决策都是基于大数据做出的。这种趋势已经远离了像焦点小组这样的定性研究方法,更多地转向了定量方法,如在线分析、社交媒体监控和电信跟踪。这在一定程度上是因为公共和私人来源的在线数据和消费者数据呈爆炸式增长。但另一部分原因是,焦点小组的费用很高,一般每个小组的费用为 5 000~9 000 美元。此外,招募"纯粹的"焦点小组参与者正变得越来越难。焦点小组已经变得如此普遍,因此有些人以此为副业,只是为了获得两小时 50~100 美元的意见发表费(外加免费的格兰诺拉燕麦卷和玛氏朱古力豆)。

在筛选参与者的过程中,焦点小组工作人员应该剔除那些在 6 个月内参加了不止一个焦点小组的人。但是人们会说谎。[5] "如果他们问你一些不着边际的问题,比如'你去年买过跑步机吗',你就回答

'是的'。这就是他们想要的回答，不然不会问这个问题。"一位资深的焦点小组参与者在一个网上操作指南中这样写道，他的纪录是一周内参加了4个焦点小组。

然而，尽管焦点小组存在缺陷，但营销及广告主管告诉我，即使是倾听那些"焦点小组常客"的意见，也常常比一份数字表格更具有启发性。具有讽刺意味的是，即使是销售数据的科技公司也会召开焦点小组会议，以找出更好地服务客户的方式。正如波士顿一家金融服务公司的一位营销主管所说："焦点小组的最大优势是，你可以听到真实的回应，而不是只能看到一个复选框或一个没有解释的点击链接。"

我观摩过几个焦点小组。很有意思的是，参与者很快就忘记了有人在双面镜后面观察他们。他们会检查自己的牙齿，整理自己的头发，并对着双面镜中的自己做出噘嘴的表情，根本不在意我和至少6个广告和营销人员正在看着他们，我们都努力不笑出声来。

更重要的是，在讨论从公用事业到非处方止汗剂等各种话题时，参与者都表现得十分自然。尽管我高度怀疑有些参与者在这个过程中是老手（比如有个家伙让一位女士离开了他通常坐的那个位置），但每次参加完一个焦点小组后，我都觉得自己学到了与销售相关产品或服务相关的一些知识。

但我的收获多少完全取决于主持人。我发现有些主持人在倾听时的表现简直糟糕透顶——打断别人讲话,有时嘲笑他们,问一些诱导性的问题,或者当参与者明确还想再说什么时却不发出提问。我想,在新口味可口可乐、奇多润唇膏和哈雷戴维森香水等失败产品推出之前,可能正是这样的主持人负责相关焦点小组的协调工作。然而,有的主持人在倾听和获取信息方面富有技巧。他们能让参与者放开胆子说话,并且对爱吹大话的人加以约束,从而使很多新奇的视角和真知灼见得以涌现。

这让我想到了娜奥米。对世界上其他人而言,她只是娜奥米·亨德森。但在定性研究领域,她却和碧昂斯、蕾哈娜、雪儿、麦当娜等明星一样闪耀。她在亚利桑那州参加国际定性研究咨询协会举办的会议上走动时,人们会中途停下来,相互用手肘推一推,轻声说:"是娜奥米。"与会者争相围拢过来,请她在其出版的《主持大师的秘密》上签名。

76岁的娜奥米在主持焦点小组方面已经有将近50年的经验了。无论是在主持焦点小组还是培训其他人成为主持人方面,她可能仍然是全世界最受人追捧的人物。在定性研究领域,有人说起自己曾在娜奥米于马里兰州罗克维尔创建的里瓦培训学院上课时，都带着一种优越感，这种感觉就像他们告诉你其曾就读于哈佛大学或耶鲁大学一样。

娜奥米身材高挑，有着一头染成赤褐色的头发和一双琥珀色的眼睛，看起来很有魅力。她主持的焦点小组决定了杰迈玛阿姨早餐公司和美国运通百夫长的企业面貌。[6] 娜奥米在焦点小组的提问也成就了"We Do Chicken Right！"（我们是烹鸡专家！）的肯德基广告语。她还告知比尔·克林顿的竞选团队，克林顿在第一轮竞选总统时夸大了他的南方口音，选民对此很反感。

"克林顿是罗德奖学金的获得者，毕业于常春藤盟校，他还曾是阿肯色州州长。焦点小组讨论的问题是，为什么他想让自己听起来像是一个咬着吸管喝啤酒和开着皮卡的乡下人，"娜奥米用她温柔的、低沉的声音告诉我，"小组里的人说'我们不需要像什么人的人，我们需要一个可以仰望的人'。"

你和娜奥米相处一段时间，就会发现她是多么善于和人打交道。无论是与知名客户，还是与 Trader Joe 超市的收银员交谈，她都有一种不可思议的能力，那就是改变自己的思维框架，用对方的视角看问题。这是她从主持 6 000 个焦点小组的经验中提炼出来的技能，这些小组成员包括妓女、做过输精管结扎逆转手术的人、过度打扫房间的家庭主妇、生过两个死胎的妇女、偷税漏税者和开巨型卡车的伙计。总之,她以专业的姿态倾听了 5 万多人的意见。

她最大的天赋之一就是引导人们说出自己的故事。例如,她曾为一家杂货连锁店主持过一个焦点小组,该连锁店想要知道人们深夜购物的动机是什么。她没有问参与者那些最显而易见的问题:"你会因为白天没时间逛商店而在晚上购物吗?""是因为晚上商店不那么拥挤吗?""你喜欢晚一点买东西吗?是因为商店在那个时候补充库存吗?"所有这些都是消费者在晚上购物的合理理由,如果她问了,很可能会得到肯定的回答。

娜奥米也没有简单地问他们为什么会在深夜购物,她告诉我,"为什么"的问题容易让人产生戒心,促使他们为自己的行为寻找正当理由。娜奥米的做法是,她让自己的提问变成一种引导:"跟我谈谈你们最近一次晚上 11 点之后去商店的情况吧。"一个沉默、话不多的女人举起了手,她说:"我刚抽了一支烟,想找几个伴儿——我、本和杰里。"诸如这样的洞察力是人们雇用娜奥米的原因。

她的父亲约瑟夫·亨利·海尔斯顿是个混血儿,20 世纪 40 年代出生在路易斯安那州。[7] 他是美国陆军的第一位非裔直升机飞行员。因为父亲的工作关系,娜奥米不到 10 岁先后就读于 14 所小学。在那之后，她成了20世纪50年代华盛顿特区中学里的7名非裔儿童之一。"我觉得我的童年经历培养了我的职业技能，"娜奥米说，"我必须学会轻松地与人建立融洽的关系。"她说，当时自己初来乍到，后来又成了抗议的对象，这让她学会了如何"倾听并且迅速判断别人的想法"。

娜奥米告诉我这些的时候，我们正坐在她罗克维尔殖民地风格的家里的餐桌旁。外面正下着雨，我看到速易洁拖把很快清理了一摊水。这款拖把也是娜奥米通过主持焦点小组帮助塑造的一个产品，它是基于"剃刀与刀片"模式的一个畅销清洁产品系列。在该系列中，客户购买了拖把的手柄，之后就不得不继续购买安装在拖把手柄上的一次性清洁布。娜奥米说："不是我创造的速易洁，但我在它的诞生过程中起了助推作用。"

在某种程度上，速易洁来自一个被命名为"超级清洁工"的焦点小组，对她们来说，打扫房间不仅是"近乎神圣"的事，也是衡量一个好妻子和好母亲的标准。当娜奥米鼓励这些妇女谈论她们的生活和清洁程式时，一名参与者提到，当她使用纸巾而不是可以清洗和重复使用的抹布时，她心里就会感到内疚。内疚？娜奥米想了解更多。那个女人解释说，为了让自己少一些浪费的罪恶感，她没有扔掉那些

"轻度使用"的纸巾,也就是她用来擦湿手,拍打生菜或把溅在柜台面上的水擦干净的纸巾。在一天结束的时候,她会把这些纸巾扔在地板上,然后踩上去,像是在使用拖把一样清理那些地上的污垢。焦点小组中的其他女性也附和说她们做了同样的事情。"于是就出现了一根棍子绑着纸巾的产品。"娜奥米说。

〰〰〰

娜奥米的口头禅是:"生命中重要的东西是无法计算的。"她并不反对定量方法,也曾多次为客户使用定量方法(通常是以调研的形式)。但这些经历让她明白,要理解人们捉摸不定的感受、习惯和动机,就需要"大量的倾听",而不仅是计算数字。仅凭调研或民意测验都无法预测到:家庭主妇会用湿纸巾擦地板来减轻罪恶感的做法会催生出一个在15个国家销售、价值5亿美元的品牌。[8] "只要对足够多的人进行调研,你就可以给出一种说法,但这不是事实,只是个说法。"定性研究的力量,也就是倾听的力量,在于它能够解释那些数字,并可能揭示出这些数字的不足之处。娜奥米说,虽然定量和定性相结合的方法可能无法提供全部的真相,但你会得到一个"更真实的真相"。

这也是普林斯顿大学社会学教授马修·萨尔加尼克的观点。萨尔加尼克任职于普林斯顿大学的几个跨学科研究中心,其中包括信息技术政策中心和统计与机器学习中心。他在自己的著作《计算社会学:数字时代的社会研究》中谈到了大数据的局限性。[9] 他向我解释说,一般来说,在数据集中寻找答案就好像一个醉汉在灯柱下寻找钥匙。你问醉汉为什么在路灯柱下找钥匙,醉汉说:"因为那里有灯光。"同样,数据集只能说明数据集能够反映的内容。

这意味着,源自数据集的算法也同样有限。回头看看查尔斯·达尔文涉猎广泛的阅读书目[10],你就可以想象,如果他当时只根据亚马逊的算法推荐做出购书决定,那么我们可能就看不到《物种起源》了。[11] 除了许多关于动物学的书籍,如托马斯·马尔萨斯的《人口论》和亚当·斯密的《道德情操论》,达尔文还阅读了法国关于卖淫对道德和公共卫生影响的研究资料、丹尼尔·笛福的《鲁滨孙漂流记》、莎士比亚的作品,以及简·奥斯汀的小说。他有着自己独特的、不可预测的兴趣,这些兴趣激发了他的创造力,并为他的科学成果提供了信息。达尔文是人,而人会让你大吃一惊。我们的思维方式和我们在生活中选择的路径是很难理解的,更不用说用简化公式来预测了。

对那些使用社交媒体监听工具的公司来说,这是一个发人深省的教训。这些公司的一些算法,可以监控和分析来自 Twitter、Instagram

和Facebook等网站的数据，以找出树立品牌和改进产品的方法。萨尔加尼克告诉我，使用社交媒体数据来了解人类的行为，就像通过观察赌场里的人来了解人类行为一样。这些都是高度工程化的环境，虽然其能让你对人类行为有一些了解，但你观察到的都不是典型的人类行为。

倾听是算法的对立面。萨尔加尼克说："算法是要做出尽可能准确的猜测。这个过程不求甚解。"他还说，许多定量分析师甚至不想知道数据是什么。他们想要的只是一个电子表格，里面填充了前100列数据，这样他们就能得出一个公式，进而算出第101列的数据。这些数据代表了什么现象或什么人，或者这些数据可能有助于解决哪些现实问题，都与他们无关。萨尔加尼克说，根据他的经验，这种盲目的方法通常不会取得很好的效果。"我认为，你越了解自己所做的事情，就越能构建出好的统计模型，如果你真正深入了解了数据所代表的人，那么效果可能会好得多。"换句话说，即使在数据丰富的时代，我们也需要通过倾听来获得理解。

对娜奥米来说，倾听最难做到的事情不是一直听取别人的观点，而是不要急于插入自己的观点。纯粹的定量方法有一个优势，那就是当你只知道数字时，你的自我意识和信念就不太可能影响结果。但在与某人面对面的时候，你则可以直言不讳地说出你的观点，也可以间接地提出引导性的问题。或者你可以通过这些非语言方式来传递看法，比如点头鼓励对方说下去，或用叹息表示不赞同。"这是很难掩饰的，"娜奥米说，"但当你善于做这件事情的时候，你就可以拉开人们生活的帷幕，看看里面是什么情况。我的天啊，我学到了很多在其他工作中学不到的东西。"

娜奥米的举止和我所了解的倾听者是一个样子的。我的意思是，她非常冷静，有一种表达力，让你觉得她很感兴趣并且在接收你的信息。她的眼神不会游离，手指也没有做出不安的动作，她的身体似乎总是放松的，保持一种开放的姿态。我花了几个小时采访她，观察她与他人的互动，其间没有一次看到她交叉双腿或双臂。她和别人在一起的时候，从来不会用丝毫的暗示让对方感觉到她还另有安排或者宁愿另寻他处。我对娜奥米记忆最深刻的印象是，她坐在桌子上，两肘弯曲在身前，双手托着脸颊，眼睛睁得大大的，就像一个全神贯注的少年在倾听。"我的领悟是，倾听的真正秘诀在于它与我无关，"娜奥米表示，"我把杯子举在面前，希望他们能装满我的杯子，而不是我往他们的杯子里倒东西。"

在职业抉择面前，娜奥米放弃了政治性工作，专注于服务售卖消费品的企业客户。她表示:"即便是在市场研究领域,政治舞台也可能会有趋炎附势的因素。政客有所图谋,而不是倾听人们的声音。"她还经常到世界各地培训《财富》500强企业的员工,教他们协调自己的焦点小组。用内部人员组成焦点小组(而不是聘用定性研究顾问)的做法变得越来越普遍。但娜奥米不是很赞同这种做法,因为其中包含了各种偏见。她说:"当老板让你询问其他人的想法时,你往往不会很好地倾听。你的提问方式、听取答案的方式和写报告的方式都只是为了取悦老板。"

信息的有用程度取决于它是如何被收集和传播的。算法的好坏取决于其应用的数据集的范围和可实现性。同样地,定性研究者的发现取决于他们是否中立、有洞察力,是否具备引出趣闻和激发情感的技巧,换句话说,就是定性研究者是否具备倾听能力。在最好的情况下,定量分析可以给你一个大致的轮廓,好的定性分析则可以为你提供更详尽的细节。这两种方法都有效,研究者如果同时使用,可能会获得很大的启发。但是,当研究涉及人与人之间的互动,以及预测个人的独特动机、倾向和潜力时,倾听是迄今为止最好、最准确的工具。

第 9 章

即兴互动中的倾听：获得非凡的洞察力

早在 2012 年，谷歌就委托相关机构进行了一项研究，为的是找出一个伟大的团队需要具备什么要素。[1] 谷歌的大多数项目都是以团队为执行单位完成的，所以公司希望了解为什么一些团队能够和睦相处，完成工作，而另一些团队会产生敌意和怨恨，进而发生内斗、诽谤中伤或消极怠工，最终使团队无法运转。在个性特征、工作流程和制度章程方面，有什么特殊的因素能让人们和谐相处呢？

一个由统计学家、组织心理学家、社会学家和工程师组成的任务小组（代号为亚里士多德项目）调查了谷歌的 180 个员工团队。他们仔细研究了团队成员的个性特征、背景、爱好和日常习惯，其中没有发现可以预测团队成败的模式。团队是如何构建的、团队成员如何对其进展加以衡量，以及团队成员多久见一次面，这些都在全盘考量之中。

经过三年的数据收集工作，研究人员最终得出了一些结论，用来解释一个有凝聚力的高效团队有何特征。他们发现，在最有成效的团队中，每个成员的发言比例都大致相同，这被称为"话轮转换中的平等"。[2] 最好的团队还有较高的平均社会敏感性，这意味着他们善于根据音调、面部表情和其他非语言线索来获知对方的感受。

也就是说，谷歌发现成功的团队的成员会彼此倾听。成员轮流发言，相互听取意见，并注意非语言线索，以捕捉那些未说出口的想法和感受。这使团队成员能够做出更加周全、到位的回应。它还创造了一种所谓的心理安全的氛围，在这种氛围中，人们更有可能分享信息和想法，而不用担心遭人口舌或被人忽视。

这是谷歌的一个新发现，我们的朋友拉尔夫·尼科尔斯作为"倾听研究学之父"在 20 世纪 50 年代也给出过同样的道理。唯一的区别是，尼科尔斯说的是倾听会让你在工作中表现得更好。在当今的经济形势下，倾听很可能会成为你的工作。自 1980 年以来，几乎所有的新增就业都来自社交互动水平更高的职业，而那些主要依靠分析和数学推理（可以转化为算法）的职位正在消失。[3]

如今，很少有产品或服务是由一个人端对端完成的，谷歌也不例外。大多数企业依靠员工团队来完成工作。发表在《哈佛商业评论》上的一项研究发现，在过去 20 年里，"管理者和员工用于合作性活动的时间激增了 50% 或更多"。[4] 在许多公司，员工一天中有 80% 的时间是用来与他人沟通的。

然而，认识到倾听的重要性是一回事，让员工真正地实践这项能力是另外一回事。一些雇主在员工手册中增加了"积极倾听"的章节，但如前所述，这一概念往往定义模糊或不准确。雇主有时也会聘请职业教练和企业心理医生来帮助员工更好地倾听。但员工往往会抵制和厌恶那些暗示他们可能有"问题"的建议。这就使我们想到了一个更加有趣、有效的、能提高员工的倾听技能的方法：即兴喜剧。许多大公司（包括谷歌、思科、美国运通、福特、宝洁、德勤和杜邦）都曾尝试过。[5]

为了了解更多，我去了芝加哥的即兴喜剧胜地"第二城"。许多著名的喜剧演员和喜剧作家都是在那个地方开创了自己的事业，比如蒂娜·菲、斯蒂芬·科尔伯特、史蒂夫·卡雷尔和埃米·珀勒。在那里，我遇到了艺术总监马特·霍夫德，他除了执导"第二城"的喜剧节目外，还负责监督即兴表演培训项目。他手里端着一杯咖啡，看上去有点疲惫，因为其上一周为了6个空缺的角色面试了350人。他捏了捏鼻梁，告诉我，许多想要成为喜剧演员的人并不像他们自认为的那样有趣。

然而当我们开始谈论有关倾听的事情时，霍夫德来了精神，他认为这是一项对其艺术至关重要的技能。"即兴表演的演员不知道接下来会发生什么，"他说，"我们要加强训练，让自己对舞台上发生的事情非常敏感，要倾听我们的现场搭档在说什么、表达的是什么意思。

如果我们忽视了这些细节，情节场景就会有些说不通，而且观众也不会感到那么神奇或有趣了。"

在一个典型的初学者即兴表演课堂上，霍夫德告诉我，人们总是一次又一次地错过现场搭档的提示，因为他们对情节的走向做出了错误的设想。他们面对自己的搭档自说自话，想要把对方带到自己的节奏上，或者一直试图插上两句话。"在许多艺术形式中，人们认为艺术家必须自私或者以自我为中心，但在即兴创作中，情况恰恰相反，"霍夫德说，"我们在即兴表演中要特别关照现场搭档的表现，倾听是做到这一点的一项基本技能。"

在课堂上，霍夫德伸出手臂问学生："如果有人要跟你讲一个故事，从肩膀开始，到指尖结束，我们会在哪里停止倾听？"学生一般认为，他们会在肘部停止倾听并开始思考自己要说些什么。为了阻止他们这样做，霍夫德让学生玩了一个小组讲故事的游戏。他给出了一个题目，他的手指指向谁，谁就要接着把故事讲下去，他们就这样随机编故事。霍夫德可以在任何时候改换故事的讲述者，即使当前的讲述者刚说到一半。下一个人只有在认真倾听的情况下才能把故事接下去。不出所料的是，很多人在轮到自己时都是一副"聚光灯下的鹿"的迷茫表情。

"人们真的很难做到这一点,因为他们想要控制故事的走向,所以他们早就在填补故事的空白了。"霍夫德告诉我,"一开始,人们往往会有点发愣,因为他们不得不重新思考,放弃自己原先设想的情节,然后回到上一个人中断的地方。他们不得不放弃控制意图,真正聚焦当下。"

为了让我理解他在说什么,霍夫德建议我参与一节课堂活动,而不只是旁听。于是我和另外十几个人一起去上课,他们中有许多人说自己来这里是为了"专业发展",因为他们的雇主告诉他们需要努力训练自己的团队精神。我们的指导老师斯蒂芬妮·安德森,是一位经验丰富的即兴表演演员。她能做到反应敏捷,而且不插话、很友善。即使其要求我们做一些超出舒适区之外的事情,她也能让全班同学保持放松。

和霍夫德一样,安德森也让我们做了讲故事的小组练习。但在我们班上,更大的问题不是后面的人走神了,而是总有人想出风头。一些同学讲的故事极其愚蠢、荒谬,或者不着边际,以致后面的人很难想出一些合乎逻辑的东西接下去。虽然他们收获了廉价的、短促的笑声,但大家付出的代价是下面的故事更难编,也更离谱。这就好像在工作会议或晚宴上,某人说了一些不合时宜或不恰当的奇怪话,这让所有人都不舒服地笑了起来,并不自在地挪了挪座位。

安德森还让我们做了另外两个倾听强化练习,一个是跟随别人说话,另一个是模仿训练。前一个练习是,你和另外一个人配对,然后你们试着像同一个人那样说话。两人先面对面坐在椅子上,一个人开始说话,而你要尽可能同时说出对方说的每句话。然后你们互换角色。模仿练习与之类似,只是你要相应地模仿对方的面部表情和身体动作。在这些练习中,保持眼神交流是至关重要的,因为你只有用眼睛才能发出信号,表明你正在切换领导者的角色。这样做当然是为了让人们彼此关注,认真倾听,让他们在精神上和肢体上实现同步。保持专注对领导者和追随者一样重要,因为领导者必须敏感,这样才能避免做或说一些让对方感到不舒服的事情。

不过,我们班还是有爱抢风头的人。举个例子,在模仿练习中,我看到一位女士——我们姑且称她为瑜伽女士吧,其把脚置于手掌上,然后慢慢地抬高过头顶。她的那位搭档身段没有那么灵活,所以在试图模仿她的动作时简直一脸苦相。尽管他的表情明显很痛苦,但瑜伽女士自始至终都面带灿烂的微笑,不时扬扬头,示意她的搭档继续抬高脚。

"倾听是一条漫长的学习曲线。"安德森在课后告诉我。她说,这是教学即兴表演中最困难的环节之一，也是教员会议上经常讨论的话题。她和其他老师会集思广益，想办法让人们更加专注，并意识到自己对他人的影响。"我愿意把即兴表演看作良药，"安德森说，"我不会觉得'这个人是个浑蛋，就知道表现自己'，而是会想'哦，不错，这个人真的很努力地想展示自己'。"根据她的经验，这一切都可以归结为不安全感。她说："他们总怕自己不够好，所以竭力使用任何他们认为有效的策略。"最常见的策略是炫耀、躲到角落里，甚至在别人认为他们无趣的时候表现出敌意——"你怎么回事？搞不懂吗？"

安德森有着独特的洞察力，因为她曾在一个青少年精神病治疗中心担任护士助理。她最初参加即兴表演课程是为了减压，但很快她就意识到，自己之所以感到工作有压力，某种程度上是因为她在倾听时比较被动，而不是主动。她说："在工作的时候，我就好像是某个岸边的一块巨石，狂风暴雨下，海水不停地向我冲来。在出现麻烦之前，我看不到任何迹象，因为我的注意力不在当下。我总是想看下一件事情。"

她说，通过即兴训练，她对某事即将爆发或袭来的迹象变得更加警觉和敏感，这样她就可以在病人发作或同事不堪重负之前进行干预。安德森说："能够意识到你可以在自己的空间里设定基调，这是一件很了不起的事情。人们在学习倾听时并没有意识到自己拥有的力量。"

她被提拔为病房的教育协调员,并开始向病人和工作人员组成的联合班级讲授即兴表演,从而使病房里的气氛发生了改变。安德森说:"这让一位动不动就对人大吼大叫的护士变得人性化了,因为孩子们会发现,他也害怕活在当下,不敢独立思考。我认为这有助于患者在小组治疗中谈论他们的感受,因为在即兴表演的练习过程中,每个人都在小心尝试着倾听和回应彼此。"有趣的是,另一位心理健康工作者,也就是著名的心理治疗师卡尔·荣格,他在职业生涯的早期,曾对那些不愿说话的患者做过一种治疗性的即兴表演[6]:他模仿患者们的手势和动作,直到患者们觉得被他"听到"了,才开始说话。

现在,安德森在"第二城"给那些希望提高工作表现的专业人士授课,同时也给那些患有社交焦虑症或阿斯伯格综合征的人授课。她还受聘为芝加哥大学商学院、伊利诺伊大学芝加哥分校和西北大学范柏格医学院的学生讲授即兴表演课程。

不管授课对象是谁(包括正在为一本书做研究的记者),她的方法基本上都是一样的:让人们互相倾听,进行有意义的交流。安德森将即兴表演描述为良药或疗法,这并不牵强。在一周又一周的练习过程中，人们开始意识到哪些行为阻碍了他们与别人的交流。还记得那个摆弄姿势的瑜伽女士吗？她曾经在课堂上试图把她的搭档变成一个人体椒盐卷饼。在课程结束时，她说："我开始只想着要展示自己，这让我忽视了其他人能做什么，以及我们能一起做什么。"

—⋀⋀⋀—

要想在即兴喜剧和即兴发挥的现实生活中取得成功，倾听是至关重要的一个环节。控制话题走向和吸引注意力的做法会使对话出现一边倒的局面并扼杀合作。这不仅不会推进你的计划，反而会成为你的阻碍。只有关注对方的言语和行动，并适当地加以回应和拓展，人们才会在互动中获得乐趣和益处，并能够相互理解，甚至相互欣赏。观看才华横溢的即兴演员游刃有余的表演固然有趣，但更令人满意的情况是，在一场良性的对话中，你们都在相互倾听并帮助对方扩展思路。

此外，倾听对于幽默感很重要。大量证据表明，无论是在工作上还是个人生活中，幽默都是形成和维持人际关系的一个有利因素。在工作环境中，善于恰当地运用幽默的人会显得更有能力、更加自信。[7] 在伴侣关系中，恰当的幽默能给对方以亲密感和安全感。[8] 但这里的关键词是"恰当"，不恰当的幽默会起到相反的效果。通过参加那堂即兴表演课，我认识到人们的幽默感并不是一成不变的，而是取决于他们的倾听能力。无论你是在喜剧俱乐部的观众面前讲笑话，还是在平时的谈话中加入一点轻松幽默的成分，除非你能准确地读懂你的听众，否则他们不会认为你很搞笑。

《时尚先生》杂志的漫画和幽默专栏编辑、《纽约客》杂志前漫画编辑鲍勃·曼科夫告诉我："约会就是足够了解另一个人，并把对方哄开心。"如果你想讲一个圈内玩笑，想在别人对你生气的时候也能让他们笑，想放轻松装个傻，那么你就需要倾听。"你的倾听时间必须足够长，直到能够复述一些他们所说的内容，然后你可以做一个有趣的转折，但也要知道最好不要逾越哪些界限。"曼科夫这样说道。他有实验心理学研究背景，并在美国福特汉姆大学和斯沃斯莫尔学院讲授幽默理论。

开玩笑也涉及人的脆弱性。一个人既然开了口，就希望自己的幽默感得到赞赏。当对方专注倾听，并且适当地做出回应时，你就会更有可能冒着出现尴尬的风险说笑话，反之亦然。事实上，分享式幽默是两人关系友好的主要指标。[9] 害怕亲密关系的人往往会使用令人排斥的、羞辱性的或刻薄的玩笑使别人产生芥蒂，从而拒绝倾听。[10]

想一想生活中那些能让你开怀大笑的人，他们通常都是你最亲密的知己。那是因为你和他们在一起时感到足够放松，可以释放自己，而且让我们感到最有趣的事情往往是最私密的东西。你和你的恋人或最好的朋友之间可能会有一些熟悉的笑话和笑料——你们俩都觉得很有趣，其他人却摸不着头脑。而当你试图解释时，其他人仍然一脸茫然，因为在长久的恋情或友情中，有些语言只有你们彼此能够领会，他人没有那样深刻的相互理解力。当人们说"我猜你一定在那里"时，就体现了这一点。风趣是坦诚、亲密和熟悉的副产品。

分享式幽默是一种源自倾听的亲密关系。这是一个动态的协作过程，它涉及人们对于想法和感受的探索与阐述。任何协作过程都需要即兴的互动，这就是为什么倾听在现代职场中如此重要。那些抢着说话、喜欢控制话题走向或以其他方式妨碍交谈的人都不太可能在事业上取得成功，更不用说打理好人际关系了。当你无意操控谈话并怀着耐心和信心倾听他人的时候，亲密感、创新思维、团队合作和幽默感才会随之而来。

第 10 章

会话敏感性：察觉对话中的真正信息

在费城公共电台的一个近乎黑暗的录音棚里，广受欢迎的美国国家公共广播电台节目《新鲜空气》的主持人特里·格罗斯正在隔空采访坐在西海岸的一个录音棚里的一位电影导演。总控制室灯光闪烁，控制面板上的指针和音频条都在跳动。格罗斯在一个巨大的麦克风后面，几乎看不见他的人影。他和那位导演谈论了很多话题，包括其艺术之路、个人的不安全感、令人不安的童年经历，以及马儿只会上楼、不会下楼的事情。

随着采访的进行，节目的两位制作人劳伦·克伦策尔和海蒂·萨曼不停地在笔记本电脑上敲击，记录着那位导演在采访过程中说了什么，以及他说某些话的时间点。导演谈了大约1小时15分钟。克伦策尔和萨曼的工作，就是和执行制片人丹尼·米勒一同决定如何将他所说的话编辑压缩到最终播出时的45分钟。

只需一个人就可以完成的工作，为什么要三个人来做呢？因为他们听到的采访内容不尽相同。凯瑟琳·汉普斯顿是得克萨斯州圣安东尼奥市圣玛丽大学传媒学副教授，她对我们在倾听时的表现进行了很形象的类比。她说这就像一个扔黏土块捉人的游戏。[1] 在抓住黏土块并将其扔出之前，不同的人会将黏土捏成不同的形状。诸如教育、种族、性别、年龄、与他人的关系、心境、言语的内涵以及干扰因素等都会影响黏土的形状。参加捉人游戏的人数越多,游戏的复杂性和范围也会随之增大。

《新鲜空气》节目有8名制作人员,其中很多人刚到工作岗位时没有多少广播工作经验,有人甚至完全没有相关经验。米勒告诉我,他在招聘制片人时看重的关键品质是"良好的倾听能力",即倾听和察觉对话中真正信息的高超能力。米勒称其为"谈话掌控力",心理学家则称之为"会话敏感性"。[2]

具有会话敏感性的人不仅会注意说话的内容,还能发现语调中的隐藏含义和细微差别。他们善于识别权力差异,并且能够快速区分哪些是真情流露,哪些是虚情假意。他们会记住更多别人说过的话,并且通常会享受谈话过程,或者至少对谈话感兴趣。会话敏感性也被视为同理心的前导,具备同理心的人需要唤起以往交流时感受到和领会到的情感,并将其运用到随后的情境中。

毫不奇怪,会话敏感性与认知的复杂性有关,如前所述,认知的复杂性意味着你对各种经历持开放态度,并能够应对不同的观点。[3]如果没有做过大量倾听,你就不可能擅长在交谈中发现复杂的线索。有人说,直觉(通常被称为第六感)不过就是识别能力。[4]你倾听的人越多，对人性的了解就越深，你的直觉就会越准。这项实践性技能来自你对各种观点、态度、信念和情绪的广泛接触。《新鲜空气》节目的制片人和副制片人都符合这一特征，他们有着各种各样的背景，包括前女招待、电影导演和民俗学家。

米勒说："在开会讨论编辑问题时，我们要确保大家对会话内容的理解是一致的。我们有很多需要切磋的东西。我们年龄不同，来自不同的地方，我们希望有不同的视角。"他把这个过程描述为"对谈话内容的解读和自我感受的结合"。他很老到地补充说："我们就如何剪辑采访内容进行了非常积极的讨论。"

格罗斯对电影导演的采访结束后，制片人克伦策尔和萨曼从昏暗的工作室里走出来，明媚的阳光从费城公共电台办公室前的落地窗洒进来。他们在桌旁坐下，讨论各自的看法。克伦策尔今年60多岁，来自费城，有长期的音频工作经历。在加入《新鲜空气》之前，她为费城公共电台制作过有声读物、专业体育赛事的播报节目和几档广播节目。萨曼今年30多岁，是在洛杉矶长大的第一代埃及裔美国人。她的职业背景是电影制作，而且还在写作电影剧本和导演电影。他们俩对采访内容做了逐一审核。"我们可以把这部分拿掉……我们一定要保留……这句话还能再短些吗？……这个内容他说了两次……我们稍后再谈那部分……也许那里没意思……我觉得那部分很酷……那部分让我吃惊……这很重要吗？"

他们将采访内容进行压缩，提炼了会话的精华。这些人互相检查，以确保他们没有剪掉某些自己不感兴趣、其他人可能感兴趣的内容。"我们在寻找那些最能体现这场采访和被采访者的内容，"克伦策尔告诉我，"我们显然希望节目的叙事弧是有意义的，也想对人们产生情感上的吸引力，所以我们可能不得不对采访内容进行塑造或压缩，以抓取所有真正精彩的时刻。"

精神奕奕的米勒走上前去，绕着克伦策尔和萨曼围坐着的桌子转了几圈，给出了一些建议，并引述了记忆中那些很喜欢的采访片段。他曾在《每日秀》节目组工作过40年，经验丰富，并且能够敏感地捕捉到谈话的细微之处。他20多岁时就在费城公共电台实习。我几乎可以看到他们三个正把汉普斯顿的黏土块扔到桌子上。"真的吗？……我没听明白……哦，是的……哇，不……你是怎么想的？……我明白你的意思。"

尽管他们可能不会在采访内容的最终取舍上完全达成一致，但当内容涉及展现受访者情感深度的部分时，他们的意见通常是一致的。这印证了一项研究的结果，该研究表明，当谈论个人话题时，人们最容易产生会话敏感性。[5] 而谈话中那些让我们产生警觉的其他事情就不太确定了，这取决于当时的情况和我们个人的怪癖，比如我们是否碰巧心情很好，是否对谈话内容感兴趣，或者是否对话题感到惊奇。不过，个人话题总能让我们产生共鸣。

克伦策尔说，最糟糕的是那些人们"不想公开或透露任何与他们生活有关的事情"的访谈。她说，他们只是按照公关人员安排的那样走过场，"这一切都让人感觉如此无趣，就像灰尘一样干枯，因为没有情感的共鸣"。当然，缺乏情感上的共鸣会使普通的交谈变得枯燥乏味。你可能和那些听上去照本宣科的人打过交道——他们会说些老掉牙的台词，而不是以独特的方式与你互动，有感而发地分享自己的想法和感受。如果你无意中听到他们和别人的谈话，你可能会听到他们用同样的一套说辞、以同样的方式讲述他们的工作、孩子、饮食习惯、医疗问题等。

每周有超过 600 万人在收听《新鲜空气》，因为格罗斯有本事让嘉宾抛开既定的台词。只要听一听她剪辑之前的访谈，你就能发现她是如何巧妙地把嘉宾从那些无聊的话题上引开的。萨曼告诉我："从这时起，录音内容才真正让人感兴趣起来。格罗斯在试图寻找他们的舒适区。一旦她把他们带到了那个地方，嘉宾就有了自己的谈话节奏。他们会谈论自己感兴趣的东西,有时是私人话题,有时是早期的工作。格罗斯试图把这些东西从他们的大脑中牵引出来。"一个好的倾听者不满足于肤浅的谈话或焦躁的喋喋不休,而是有能力引导出更多的东西,使人们更多地表露出他们的真实一面。

格罗斯的利器是,她和她的制片人为每一期节目都做了充分的准备。嘉宾通过格罗斯的提问知道,她不仅做了功课,而且对他们的工作很了解,也很感兴趣。当人们感到自己被人了解、被人欣赏的时候,他们的分享意愿就会更强。而且,格罗斯在采访前会告诉嘉宾,如果她提出的问题让他们感到不舒服,他们可以随时阻止她继续说下去。这就让嘉宾觉得,她关心他们的感受。任何人想成为更好的倾听者,都可以借鉴这些做法。你可以事先了解别人,也可以在与别人谈话的时候表现出兴趣,试着找出他们愿意聊的话题。就算只是一个收集瓶盖的爱好,只要他们对这个话题充满热情,聊的内容也会很有趣。如果你觉得自己可能误入了一个敏感的区域,那么就要尊重界限,后退一步。要温和地改变话题,对不了解的事要谦逊,营造亲密感不能依靠强迫。

当某一期《新鲜空气》节目最终播出时,三个制片人可能已经把采访录音听了3~4遍。每次倒带回放的时候,他们不仅要捕捉表达中的细微之处和其中蕴含的意义,还要分辨呼吸、停顿,甚至是背景中几乎听不到的烦躁不安。我与萨曼坐在一起的时候,她正熟练地使用数字音频编辑程序打磨一段采访录音,并深入分析谈话的细节。什么时候"嗯"或"啊"的语气助词比较重要?那一处呼吸声是不是能说明问题?他为什么一直在重复那个词?这些问题让你意识到在一句话中可以隐藏多少信息。你也会由此了解到,为什么听编辑后的采访录音时感觉比听普通的日常对话容易得多。真正的对话没有那么清晰或干净。它们更加晦暗、更加杂乱,而且委婉曲折。

───〜〜〜───

尤其是在英语会话中,由于语言的复杂性和广泛性,我们可能会陷入混乱。语言学家和词典编纂者估计,英语中大约有100万个单词,而且这个数量一直在扩大。[6] 文学评论家西里尔·康诺利曾写道,英语就像一条宽阔的河流,"被一排倾倒废弃物的垃圾船污染了"。[7] 作家沃尔特·惠特曼的描述则更为宽和,他认为英语是"每一种方言、每一个种族、每一段时间的积累和发展,是所有语言元素的释放和聚合"。[8] 不管怎样,英语是最容易被误解的语言之一,即使它是你的母语。

仅在美国大陆的边界之内,就有几十种地方方言,它们给人们造成了各种语言困惑。[9]例如,在俄亥俄河以西,人们在说"caramel"(焦糖)这个词时就有点吞音。"pecan"(山核桃)的发音很大程度上取决于你所在的时区——有的地方说成PEE-can,有的说成pa-CON,还有的说PICK-on。在南部的一些地方,人们会把"撒东西"说成"waste something"(浪费东西),而不是"spill something"(撒东西)。在大西洋中部的州,"环形交叉路口"的英文是"traffic circle",但在东北部地区就变成了"rotary",在西部被称为"roundabout"。因此,如果你说"在去奶奶家的路上,过环形交叉路口(rotary)时车子要开慢一点,不然你会把焦糖山核桃(CAR-mel pa-CON)馅饼撒(waste)在车座上",别人不一定能够领会其意。

不同的个人解读也会造成混乱。就像有人说:"我想在适当的时间上床睡觉。"你可能认为适当的时间是晚上10点,而对方心里想的是凌晨2点。"努力工作""不错的性生活"[10]"不远的距离""辛辣食物"的含义都取决于说话者的意思。当然,还有一些委婉的说法,比如"月经"(monthly visitor)、"大块头"(bigboned)、"去世"(passed away)、"还有机会"(between opportunities)等,因为人们总是能想出替代的、有时是隐晦的方式来表达他们不想直说的话。作家弗吉尼亚·伍尔夫曾说:"语言中充满了回声、记忆和联想。"[11]几个世纪以来,这些词汇一直在扩展、延伸,它们在人们的唇边、在他们的房子里、在街道上、在田野里。"

当你试图与一个跟你语言不通的人交流时,事情会变得更加复杂。你会陷入语言相对论中,这个理论也被称为萨丕尔-沃尔夫假设。[12]该假设认为,一个人的母语会影响他看待或体验世界的方式。南非和英国的研究人员进行了一项巧妙的研究,相当漂亮地证明了语言相关性。[13]他们让说瑞典语和西班牙语的人估计自己观看两部动画片的时间:一部是一根绳子逐渐变长的动画片,另一部是从底部填充一个容器的动画片。瑞典语在描述时间时使用的是有关距离的词汇,比如"长"或"短";而西班牙语使用体积相关的词汇,比如"大"或"小"。因此,说瑞典语的人倾向于认为绳子增长的时间更长,但实际上没有这么长;而说西班牙语的人会觉得填充容器的时间更长,实际则不然。

但最妨碍理解的是你的情绪和个人敏感性。鉴于你会根据自己的背景和心理来解释事情,而且你不能像《新鲜空气》那样召集一组制作人来共同分析一段对话,所以了解自己和自己的弱点是成为一名优秀倾听者的重要环节。

比如有人告诉你,你的观点很"新奇"。如果你是那种经常会感觉和人有点不合拍的人,那么你可能会把"新奇"理解成"奇怪",而这个人的意思可能是说你的想法很"独特"。知道自己有哪些痛点可以帮助你以更广阔的视角思考别人的意味,并进一步找到确定的答案。这有点像重新调整汽车的后视镜或两侧倒车镜,以最大限度地减少盲点。

研究表明,自我意识[14](也被称为自我监控[15])程度更高的人在某种程度上是更好的听众,因为他们知道哪些因素会让他们得出错误的结论,因此不太可能犯错。培养自我意识就要在谈话时注意自己的情绪,并意识到自己的恐惧、敏感、欲望和梦想何时会劫持你的倾听能力。你的配偶或亲密的朋友也许能洞悉你倾听的障碍在哪里,或者你也可以找个好的心理治疗师进行咨询。虽然做这种自我评估很难,但作为回报,你将获得更强的理解能力和与他人沟通的能力。只有先熟悉你自己,你才有可能和别人建立亲密关系。

精神分析学家必须进行自我分析,这样他们的个人问题就不会妨碍他们理解那些求助者的问题和感受了。西奥多·赖克是奥地利精神分析学家西格蒙德·弗洛伊德的第一批学生中的一位,他在1948年出版的《用第三只耳朵倾听》一书中写道,要想很好地倾听,就要关注那些潜意识中用气泡包裹起来的感受:"观察和记忆千万个微小的迹象，并持续意识到它们的微妙影响。"[16] 对他来说，有意识地感知一个人的反射性反应和直觉，就像是在用第三只耳朵来倾听。

同样，美国中央情报局在招募新人时也会进行严格的筛选，包括心理测试，以排除那些在紧急情况下自我意识不够，不能克服自身弱点的人。在华盛顿特区四季酒店的谈话中，中央情报局前特工巴里·麦克马纳斯告诉过我，"如果你不了解自己，就无法胜任这份工作。我们都有弱点、缺陷和脆弱之处。我是这样，你也一样。而在这个游戏中，我必须在你了解我的劣势之前先了解你"。

这就涉及倾听者的操控力。美国第 36 任总统林登·约翰逊的传记作者罗伯特·卡罗通过一些电话录音揭示了约翰逊是如何在参议院发挥影响力的："人们认为约翰逊一直在说话，但你可以从这些录音中发现，他经常在头几分钟一言不发。[17] 你听，他只是在'嗯啊，嗯啊'。你能感觉到，并且接着会发现，他在倾听那个人真正想要什么，以及真正害怕什么。"

同样的道理，行骗高手、皮条客和诈骗者也是极好的倾听者。他们通过察觉那些微妙的非语言信号和无心的语言来找出你最害怕或最渴望的东西。在了解了这些之后，他们就知道该怎样玩弄你于股掌之中了。但必须指出的是，说谎往往是一种协作行为。[18] 一边是说谎者，另一边是听信谎言的人。人们总说"哦，我永远不会上当的"，可当他们愿意相信有人爱他们，或这将使他们变得富有，或这将治愈他们的病痛时，他们的听觉辨识度就会严重受损而不自知。

臭名昭著的行骗高手梅尔·温伯格①对说谎者和听者之间的动态协作有着狡猾的认识。[19] 这就是为什么他在20世纪70年代末被联邦调查局选中，在阿伯斯坎行动中帮助诱捕1名美国参议员和6名众议员。[20] 1982年，他在接受《纽约时报》采访时表示："当一个人陷入困境、想要赚钱时，我的哲学就是给他希望。如果你说你无能为力，那你就是在扼杀他的希望。每个人都要有希望。这就是为什么大多数人不把我们送到警局，因为他们一直希望我们说的是真话。"[21]

这并不是说骗子天生就比受骗者更善于倾听和预测人类的弱点。不同之处在于，骗子更有经验，也更有倾听的动机，因为他们知道这样做是有好处的。几项研究表明，动机性更强的人往往具有更加准确的感知力。[22] 被欺骗的受害者是缺乏动机的倾听者，因为骗子给他们的生活灌输的谎言如此吸引人。

---

① 温伯格是电影《美国骗局》中克里斯蒂安·贝尔所扮演的角色的灵感来源。

所以你可以说，好的倾听者更善于欺骗和发现欺骗。回想一下你遭受欺骗时的情形，坦白地说，你很可能会忽略或选择忽略一些事情：过于急促的语调；不太符合逻辑的事实；你问问题时，对方声音中的敌意或恼怒；对方不太配套的面部表情和说话内容；你的胃有点儿不舒服，却指不出是哪里出了问题。

我们经常会忽略谎言，还有真理，因为如果有人说了一些没有意义的话，多数时候我们不会停止对话，说："等等，我不明白你刚刚那些话的意思。"在未经剪辑的《新鲜空气》的采访中，你可以听到格罗斯频繁打断嘉宾的话，让他们解释自己刚刚说的是什么意思。但在日常对话中，人们往往会耸耸肩，继续进行下去，因为他们懒得找麻烦，或者认为自己能猜出对方的意思。人们也不愿意让对方再解释一遍，以免使自己看起来很迟钝。有多少次，你不是在开玩笑，对方却哈哈大笑？有多少次，你不知道别人在说些什么，但依然在点头？可能这样的时刻不胜枚举。"不管出于什么原因，当我们不确定别人在说什么时，我们往往不愿停下来问一问。"密西西比大学的通信研究员格雷厄姆·博迪如是说。

除了学术工作，博迪还提供企业咨询服务，特别是提升销售人员倾听能力的培训工作。他给我们提出了诸多警示，其中一项就是不要掩盖谈话中那些没有意义的观点，因为这是一个使人犯错的主因，你可能会为之付出高昂的代价。"你必须假设一切都是相关的。如果有些事情让你觉得有点说不通，你就需要提起关注了。"他说，"大多数时候，即使我们觉得哪里有点不对劲儿，也不去管它。然而，这种时候你应该停下来弄个明白。你可以这样说：'我不太明白你刚刚说的X是怎么回事。'"

我们总是听到一些因为没有深究问题而导致的灾难："挑战者"号爆炸、雷曼兄弟倒闭，以及每年在美国造成25万人死亡的医疗事故。[23]而这对于那些充斥在我们日常生活中的微小沟通又有什么影响呢？这虽然可能不会造成灾难性的后果，但仍然会引发后续效应。我们总是说："噢！明白了！"但不明白的地方其实更多。我们对那些受伤的感觉、错失的机会和拙劣的工作都视而不见，这一切都是因为我们不愿费心去弄个明白。

就像意见分歧一样，理解差异可以很好地提醒我们，别人和我们不一样，甚至一点也不像我们。[24]我们真正了解的人只有自己，所以很自然地就会有一种唯我论的世界观。我们会错误地假设别人的逻辑和动机与我们相似。但事实上，每个人的背景和处境都不尽相同。

尽管我们从理智上明白这一点，但当别人的思考方式或行为超出我们的预期或想象时，我们总会有猛然惊醒的感觉。因此，理解差异可以被看作一种机会，它促使并激励我们在倾听时更加用心，并且在探究问题时更加深入。用迈尔斯·戴维斯的话来说，"如果你能听懂我说的每一句话，你就成了我"。[25]

第 11 章

倾听你自己：
萦绕内心的声音

我有一个好朋友，她和许多有成就的人一样，对自己要求很严格。她非常成功、迷人、热情、机智，但当她的生活出现问题时，她的默认启动机制就是自我厌恶。突然间，她觉得自己是一个笨蛋、一个彻底的失败者，什么事情都做不好。当她陷入自我批评的时候，我告诉她不要再听史巴奇的了。史巴奇是她刻薄的内心声音的代名词——当压力巨大的时候，她会毫不留情地责备自己，感觉自己一无是处。

我们的脑海里都会萦绕着各种声音。事实上，我们经常和自己谈论一些平凡却可能意义深远的事情。我们会进行道德上的争论和荒谬的辩论；我们会推卸责任，做出合理化的解释；我们会分析过去的事件，并排练未来的事情。我们头脑中的声音可以是令人振奋的，也可以使人产生挫败感；可以是充满爱心的，也可以是挑剔指责的；可以是赞美，也可以是贬低。英国杜伦大学的心理学家查尔斯·费尼霍比大多数人更了解这一点。他研究的领域就是内心的对话。

费尼霍的兴趣点缘于他的博士论文，该论文研究的是孩子如何通过大声地自言自语来解决问题并调节自己的情绪。我们长大后依旧会自言自语，这是我们自然而然去做的一件事情，不过有时也会有只言片语从我们的嘴里"溜"出来。[1] 我们谁没有过这样的经历？大声地问自己把钥匙放在了哪里，或者看到某条新闻后大声地咒骂。"我的内心在持续地对话，这种内心的声音延伸到外部语言。"费尼霍这样告诉我。他的妻子已经习惯于此了，但如果这种事情发生在公共汽车上，别人都会向他投来异样的眼光。"我们都会有内心的声音，都会自言自语，"他说，"这是一个互动过程，我们不断地在自己的脑袋里交谈着，倾听着。"

事实上，当我们对自己说话的时候，我们所用到的大脑区域和我们对别人说话的时候是一样的。[2] 这些大脑区域与所谓的心智理论或社会认知有关，它使我们能够移情并理解他人的意图、欲望和情绪。

费尼霍在《脑海中的声音》一书中写道，包括威廉·詹姆斯、查尔斯·桑德斯·皮尔斯和乔治·赫伯特·米德在内的许多伟大的哲学家和社会理论家都相信，我们可以从他人的视角与自己对话。[3] 比如一个运动员的头脑中可能会出现教练的声音。或者，你可能会和自己来回交流，就好像你在和你的母亲、老板、配偶、兄弟姐妹、朋友或心理医生交流一样。

因此，"倾听他人"决定了我们内心的对话基调和特点。我们从以往的交流中学会了如何提问、回答和发表意见，因此，当我们需要解决问题、应对道德困境以及创造性地思考时，我们就可以向自己提问，然后自己给出回答和意见。"这个办法可行。""哦，不，这样更好……""我想要求加薪。""可他们两个月前才聘用了你……""我想吃冰激凌。""这会毁了你的晚餐的……""我真是被她迷得神魂颠倒。""别这样，伙计，她可是有夫之妇。"

这种私密或内心的语言可以使儿童和成年人在认知任务中有更好的表现。[4] 研究表明，你在生活中倾听的人越多，你脑海中争论某个问题的角色就越多，你能想到的解决方案也就越多。内心的对话有助于培养和支撑认知的复杂性，这是一项宝贵的能力，它能够使你吸纳各种观点，建立关联，并提出新的想法。

研究发现，如果父母能够更多地参与孩子的生活，孩子的自我对话能力就会更加成熟。[5] 另外，这项能力也与个人的经济地位呈正相关。如果孩子的成长环境中没有多少倾听的机会，那么他们自我对话能力的发展就会受到阻碍。例如，在阿巴拉契亚的低收入家庭中长大的孩子往往被"视而不见"，遭到孤立，因此他们在自言自语的时候表现得比较迟缓。[6] 来自城市低收入家庭、有被忽视经历的孩子也是如此。[7]

这很重要，因为你对自己说话的方式会影响你听别人说话的方式。例如，一个能够进行批判性自我对话的人，和一个经常在心里责备别人的人，他们在倾听别人说话时会有完全不同的表现。前者会对自己说"都是你的错"，后者则在心里说"都是他们的错"。换句话说，我们内心的对话会影响并曲解他人的话语，进而影响我们在人际关系中的行为方式。

还记得我们在第 2 章中介绍的心理学家和依恋关系专家米里亚姆·斯蒂尔吗？她的研究建立在 20 世纪 50 年代其他依恋专家的工作基础上，其研究表明，一个人脑海中反复出现的声音与他童年时听到的声音相一致。如果你在早期的依恋关系中获得了安全感，比如你的父母或看护人倾听了你的需求并给予照料，那么你内心的声音就会如斯蒂尔所言"更友好"。

斯蒂尔告诉我，我们每个人都有负疚感，都会与自己角力，但内心深处会有一个声音说"你真的想这么做吗？为什么不设身处地为他们想想呢""是的，这很伤人，但也许他们并不想伤害你"，或者有另一种声音说"他们都针对我""我一无是处"。后一种声音会让你做出不利于自己的反应。

人们内心的声音能产生巨大的影响力，部分原因是这些声音有放大效应。美国和中国的研究人员都发现，如果要求受试者在听到

"da"声之前反复在脑海里想象这个音节，那么和没有这样做的受试者相比，前者会认为自己听到的外界声音更轻一些。[8] 此外，当播放外部声音时，他们大脑活动中的听觉激活表现也更弱。这只是对自己说一个音节的效果，所以请想象一下，如果你在脑海里进行一段完整的对话，会有什么样的效果。"他看起来不太友好。我冒犯他了吗？也许他今天心情不好。不，我想他在生我的气。"

有些理论家认为阅读是一种内心的语言。研究表明，当我们阅读时，我们会在脑海中读出单词。[9] 如果一个单词说起来很长，那么读起来也会花费你更长的时间。另一项研究表明，如果受试者听到两个人的录音，一个人说话很快，另一个人说得很慢，那么当他们阅读说话慢（或快）的人所写的作品节选时，其阅读速度符合相应作者的说话速度。[10]

很多读者反映，如果他们喜欢某个作家，他们脑海中就会听到那个作家独特的声音，或者是他们想象中的那个作家的声音。他们还可能听到作者笔下人物的独特声音。事实上，研究发现，相比于阅读间接引语，人们在阅读直接引语时听觉皮层的声音敏感区域更活跃。[11] 也就是说，如果你读到的是"他说：'我爱上了她。'"，你的大脑反应就好像是真的听到了一个人在说话，但如果你读到的是"他说他爱上了她",你的声音敏感区域就不会那么活跃。

费尼霍和他的同事与《卫报》合作,对1 566名读者进行了调查,89%的人说他们听到了书中人物的声音,其声音通常还很生动。[12] 56%的受访者表示,甚至当他们没有读书的时候,有些角色的声音也一直伴随着他们,影响其内心话语的语气和内容。许多小说家也说自己笔下的人物会和他们交谈,进而推动了他们的写作进程。当被问及日常的写作习惯时,科幻大师雷·布莱伯利回答说,他早上通常都是躺在床上,倾听自己脑袋里的声音。他说:"我称之为'我的清晨剧院'。角色们互相交谈着,当达到一定的兴奋度时,我就会跳下床,跑去写作,在这些角色消失之前抓住他们。"[13]

我们内心的声音不仅来自现实生活中的倾听,而且也可能受到我们经常收听的媒体节目的影响。主持人肖恩·汉尼提、奥普拉·温弗瑞或法官朱迪等人的腔调和说话风格可能会在你脑海中回荡,这取决于你对他们的崇拜程度。你内心的声音让你想起了谁?它告诉你什么?在不同的情况下,你内心的声音会发生变化吗?这个声音友好吗?有批评的意思吗?这些都是你要问自己的重要问题,因为你内心的声音会影响你思考事情、解释情况、做出道德判断和解决问题的方式。这些也会影响你在这个世界上的表现,无论你看到的是别人最好的一面还是最坏的一面,也无论你看到的是自己最好的一面还是最坏的一面。

问题是,人们会竭力避免那种真正融入自我的状态。美国弗吉尼亚大学的心理学家对700多人进行了11项实验,结果证实了这一点。大多数受试者不喜欢独自在一个房间里待6~15分钟,除了思考什么都不做。在一项实验中,64%的男性和15%的女性宁愿给自己轻微的电击,也不愿独自想事情。[14]

这表明很多人的内心都有自己想要摆脱的声音,就像折磨我朋友的那个史巴奇的声音。即使内心的声音很友好,你的自我对话也经常和你面临的压力有关,比如人际关系问题、职业挫折、健康问题等。人类是天生的问题解决者,所以在安静的时候,我们就会思考这些问题。我们总是执着于需要解决的问题,这就是为什么有些人不能忍受停下来的状态,而总是要做一些事情,这样他们就不会去想哪里出了问题。然而,试图压抑内心的声音只会让内心积聚更多的能量,发出更大的声音,而且更加持久。于是,有些人会让自己变得更忙,给自己安排过量的计划,以压制这种声音。然而,这样做从来就不起作用。你内心的声音一直在那里,如果它不能在白天引起你的注意,就会在凌晨4点唤醒你:"你好!还记得我吗?"

认知行为疗法就是学习如何用不同的方式和自己说话。如果用治疗师的声音取代你心里那些无益的声音，比如总是斥责孩子的父母的声音或消极的朋友的声音，那么你就拥有了更友善或更开阔的思维方式，这将有效地提升你的幸福感。倾听不同人的声音也令人获益，多种声音可以带来多个视角。你可以向别人提问，然后思考他们的回应，这样你在进行自我对话的时候就可以做得更好。不管多难的事情，与自己对话是最终解决问题（至少是达成妥协）的唯一方法。

二战期间，伟大的物理学家、诺贝尔奖得主理查德·费曼在接受检查以确定他是否适合在军队服役时，一位精神病学家曾经问他："你会自言自语吗？"正如费曼对他的传记作者所说的那样："有些事情我当时没有告诉他，但现在我可以告诉你，那就是我发现自己有时会以一种相当复杂的方式说话。'这些事项构成一个整体后，会大于它们单纯相加的总和，这会带来更大的麻烦，明白吗？''不，你疯了！''不，我没有！不，我没有。'我会跟自己争论。我的内心有两种对抗的声音。"[15]

费曼说，他与父亲、妻子、朋友和同事的对话都会对他产生影响，并萦绕在他的脑海。费曼在他的散文集《发现的乐趣》中写道："通过将头脑中的观点集合起来并做比较，我们对自己所在的位置和所处的状态有了更深的理解和感触。"[16]

第 12 章

支持型对话 vs. 转移型对话

在美国社交名媛詹妮·杰罗姆（另一种说法是伦道夫·丘吉尔夫人，即温斯顿·丘吉尔的母亲）的回忆录中，她这样描述自己分别与劲敌英国政治家本杰明·迪斯雷利及其政敌威廉·格莱斯顿进餐的情形："那一次我坐在格莱斯顿的旁边，离开餐厅的时候，我认为他是英国最聪明的人。但当我坐在迪斯雷利旁边时，我觉得自己是最聪明的人。"[1]

毫无疑问，她更喜欢和迪斯雷利在一起。作为保守党领袖的迪斯雷利曾两次出任英国首相，他不仅是一位出色的演说家，也是一位敏锐的倾听者，他既关心他人，又善于把谈话引向身边的人。这也使他成为维多利亚女王最欣赏的人。在选举期间，维多利亚女王毫不掩饰地偏向迪斯雷利而不是格莱斯顿，有人说这都差点违犯宪法了。而迪斯雷利不只是在同贵族和皇室交往时十分留心。伦敦《泰晤士报》曾刊登一篇著名的文章，说他能在工人中发现保守派选民，就像雕刻家能在大理石中看到天使一样。[2]

迪斯雷利就是波士顿学院社会学家查尔斯·德伯所说的支持型回应大师。自20世纪70年代以来，德伯一直对人们在社会环境中如何表现和争取关注很感兴趣。通过记录和转录100多次非正式的晚餐对话,他发现了两种回应方式。[3] 比较常见的是转移型回应,即将注意力从说话者身上转移到回应者身上。不太常见的是支持型回应,即鼓励说话者进行详细的阐述,以帮助回应者进一步地获得更深的理解,而这种回应方式就是迪斯雷利的长项。以下是一些假设的例子。

约翰:我的狗上周走丢了,我花了三天时间才找到它。

玛丽:我们的狗也总是在栅栏下面挖洞,除非用皮带拴着它,否则不能让它出来。(转移型回应)

约翰:我的狗上周走丢了,我花了三天时间才找到它。

玛丽:哦,不。你最后是在哪儿找到它的?(支持型回应)

苏:我昨晚看了一部关于海龟的纪录片,很不错。

鲍勃:我不喜欢看纪录片,我更喜欢动作片。(转移型回应)

苏:我昨晚看了一部关于海龟的纪录片,很不错。

鲍勃:海龟?你是怎么发现这部片子的?你喜欢海龟吗?(支持型回应)

好的倾听者都是支持型的回应者,这种回应方式对于提供第 5 章中讨论的那种确认和评估性反馈是至关重要的，并且可以避免第9章中指出的几种理解差异。根据德伯的说法，转移型回应是会话自恋的症状，它会扼杀任何建立关联的机会。这种回应方式通常是自我参照的表述，而支持型回应通常是以他人为导向的提问方式。但这些问题必须出于真正的好奇，旨在引出更多的信息，而不是巧妙地强加你自己的观点。不要问"难道你没有生气吗"，而应该问"你当时是什么反应"这种开放式的问题。你的目的是理解说话人的观点，而不是左右别人的观点。

填空题的做法在这方面很有用。"你和罗杰打架是因为……"这样问就像是递出了下一根指挥棒，让说话者想说什么就说什么。请尽量避免问一些突兀的细节，以免打断人们的思路和感情状态："你和罗杰是在五十五街还是在六十七街的咖啡店里吵架了？"他们当时在哪里，什么时间，点了什么餐，这些都不如发生了什么以及他们当时的感受重要。

由于人们喜欢卖弄，所以其总爱问一些表明他们已经知道答案的问题。或者他们会设计问题以获得自己想要的回答。好问题不以"难道你不觉得……吗？""……难道不是真的吗？""难道你不同意……吗？"开头，也肯定不会以"难道不是吗？"结尾。这些实际上都是伪装的转移型回应,其可能会引导他人给出符合提问者的观点和期望的回答,但这样的回答可能不完整,或者不诚实。

同样致命的是包含大量自我表现或自我推销信息的长问题:"我有景观建筑方面的背景,我也是弗雷德里克·劳·奥姆斯特德的崇拜者。他设计了中央公园,在我看来,他是一个被低估的天才。我经常去各地旅行,比如纽约中央公园、伦敦圣詹姆斯公园和巴黎布洛涅森林,这些伟大的公园散发出的持久的活力和人气都令我震撼,所以我想知道您是否认可这样一种观点,那就是我们在营造绿色空间时需要怀揣更大的雄心壮志?"真的有人在一个可持续发展论坛上站起来并提出了这样的问题,请不要成为那样的人。

我们也要注意那些包含隐性假设的问题。著名社会学家霍华德·贝克尔曾指出我不该问他这样一个问题。当时我们坐在他那间阳光充足的书房里,俯瞰着旧金山著名的陡峭而曲折的隆巴德街。我问他:"是什么让你决定成为一名社会学家?"贝克尔的脸扭曲了,仿佛他刚刚闻到了什么可怕的味道。"你在假设这是一个决定,"他说,"最好是这样问,'你是怎么成为社会学家的'?"

在贝克尔漫长的职业生涯中,其大部分时间都在美国西北大学度过。众所周知,他会用几个月(或许是几年)的时间深入各种亚文化群,然后像圈内人一样对其进行文字描述。[4] 他的研究对象包括爵士音乐家、大麻使用者、艺术家、演员和医学院学生等。他告诉我:"我不确定自己是不是比别人更善于倾听,但如果我听到一些自己不理解的东西,我就会问个明白。"对他来说,最糟糕的问题是那些从未被问过的问题。

91 岁的贝克尔精力充沛,他不明白为什么人们如此不愿意问问题。作为一名讲师和研究员,贝克尔经常旅居各地,并在 4 个国家生活过。他目前时而住在旧金山的家中,时而住在巴黎的家中。① 他表示,文化和语言之间会不断地变换,因此他不会对自己的知识感到自满。"在日常交谈中,很多东西都被认为是理所当然的,尤其是当你用母语与人交谈时。"他说,"事情就这样过去了,你不知道它到底是什么意思,却让它过去了,因为你认为它不重要,自己不需要了解,或者感到尴尬而不去发问。"

或者,人们对于未知的回答感到焦虑。开放式的问题意味着对话可以朝任何方向发展,尤其可能进入情感领域。开放式的倾听需要一定程度的冒险,甚至是一些勇气,因为你不知道自己最终会被带到哪里。"很多人对此感到不舒服,"贝克尔说,"相当多的人并不

---

① 贝克尔的著作和研究方法(或称"Beckerisme"[5])是许多法国大学生的必读书目。

擅长于此。这就是为什么男性社会学家倾向于研究人口统计学,即对人口的统计研究,而不是田野调查,因为这样他们就不必对人们进行深入的了解了。"

这不仅是贝克尔的观点。研究表明,女性和男性都认为女性是更开放、更善解人意的倾听者。[6] 一些证据表明,女性更关注人际关系和个人信息,而男性更关注基于事实的信息。[7] 因此,女性更有可能获得人们的信任,更愿意自我表露,这使她们的谈话更加有趣,从而增强了她们的倾听意愿。

这是天生的还是后天培养的呢?[8] 人们在这个问题上存在着很大的分歧。一些人将其归咎于文化的影响,他们认为男孩子从小接受的教育就是要有男子气概,不陷入他人的情感中,也不要被别人的情感左右。而另一些人认为,女性(甚至是女婴)更强的社会敏感性不能完全归因于社会或父母的影响。[9] 有些人甚至认为,孤独症是男性大脑的一种严苛表现形式,它的特征是难以捕捉言语和非言语交流中的情感线索。[10]

在我为本书进行的采访中,反复有人提到女性比男性更善于倾听的观点。休斯敦的一位房地产投资者告诉我:"我不去访问租户,而是派女员工去做这件事情,因为她们比我更善于读懂别人,我就不会像她们那样倾听。"同样,旧金山的一位风险资本家表示,当评估初创企业的创始人时,他总是听从公司女性合伙人的意见。"她能读懂别人,简直不可思议。创业者还没有开口说话,她就理解了他们的动机,知道他们是好是坏。这真是神奇,我问过她其中有什么诀窍,但她也没法解释。我妈也是这样,她能够知道一些事情,却说不出为什么。或许这就是女性的特殊能力。"

然而,说所有的女人都比男人善于倾听,就好像说所有的男人都比女人长得高一样。我采访过很多女性,也认识很多男性,他们都是糟糕的听众,但也有很多男性是非常优秀的倾听者。这主要与其背景、生活经历,甚至当时的情况有关。虽然有些人是很好的倾听者,但他们可能只是在听某些人讲话时或在某些情况下才如此。

然而,我们在遇到一个愿意倾听的人时,通常会有强烈的情感奔涌出来,这或多或少会使倾听者感到焦虑或不安。不管我们多么努力地去控制情感或假装无所谓,人类都是充满情感的动物。有时候,我们自己都无法应对内心的混乱,这种时候去倾听别人的苦恼就会让我们感觉太过沉重。

据瑞士洛桑大学的研究人员称,即使表达消极情绪的声音和那些中性或积极的声音的振幅相同,前者的音调也听起来高很多。[11]同样,明尼苏达大学和伊利诺伊大学厄巴纳–香槟分校的研究人员发现,工作中的消极互动带给员工的沮丧感和积极互动带给他们的幸福感相比,前者的程度是后者的 5 倍。[12] 这与西雅图华盛顿大学婚姻与家庭研究员约翰·戈特曼的研究结果吻合。戈特曼数十年来的观察研究表明,只有当积极互动的次数至少是消极互动次数的 5 倍时,人们才能构建起良好的人际关系。[13] 这解释了为什么人们会本能地将他人拒之门外,而不愿冒险受到伤害,因为这种伤害的强度有加倍效应。

在《恰到好处的安慰》一书中,作者凯尔西·克罗和埃米莉·麦克道尔间接地发现了另一种由这种逃避行为导致的转移型回应。[14] 德伯将转移型回应描述为一种试图将谈话重新引回自己身上的自恋行为。但是克罗和麦克道尔所描述的转移型回应指的是,当人们对他人的情绪感到不舒服时,就会试图解决或搪塞问题,而不是倾听对方,让心烦或委屈的人体会他们的感受,并在对话过程中找到他们自己的解决办法。这两位作者都建议我们抑制以下冲动:

- 表示你明白对方的感受;
- 指出问题的原因所在;
- 告诉别人该怎么处理这个问题;

- 极度轻视他们的担忧；
- 强作乐观，说一些陈词滥调，对事件的发展趋势做出预测；
- 称赞对方的有利条件。

意识到别人的问题并不代表你需要给出解决方案。不管是什么情况，人们通常不会从你这里寻求解决问题的办法，他们只是想听听你的意见。此外，当你告诉对方应该怎么做或者应该怎么想时，对方就失去了表达的机会。不管你的意图有多好，不管你认为自己的建议有多明智，人们都会本能地抵制和反感别人发出的指示，即使你只是温和地把意见传达给对方。你或许能够帮助别人修理漏水的水龙头，编辑简历，或找到一个好的会计师，但你不能帮助别人挽救一项毁掉的事业，修补破裂的婚姻，或摆脱深深的绝望。你对别人内心深处所遭受的煎熬的回应，只能说明如果你是那个人，你会怎么做，但你不是那个人。

你能做的就是倾听。试着去理解这个人面对的问题，并体会这种感觉。这样做本身就可以引出解决之道。通过倾听来解决问题的方法是贵格会形成"澄心委员会"的基础。[15] 澄心委员会始于 20 世纪初，是教会长老当时用来确定有结婚意愿的夫妇是否合得来的一种方式。

但多年来，澄心委员会已经扩大了其应用范围，将其进一步用于解决教会成员可能存在的困扰——无论是人际关系、职业还是信仰问题。

在收到这种请求后，澄心委员会一般会召集6名成员，听取"焦点人物"提出的问题。倾听之后，委员会成员会提出他们所谓的"忠实"问题，基本上全场人员都会做出支持型回应。他们不会给出明智的建议或分享类似的个人经验，也不会通过提问来引导或影响他人的想法。相反，澄心委员会的提问是为了帮助焦点人物更深入地思考，以便他们找到答案，进而使其内心浮现出一幅清晰的图景。

贵格会教育家兼作家帕克·帕尔默告诉我，他在20世纪70年代曾有过一次参加澄心委员会的经历。当时他正在考虑是否接受一个大型教育机构的邀请，出任校长。起初，委员会成员向他提出的是有关这个职位的问题，以及他希望实现什么样的目标。然后有人问了一个看似简单的问题："帕克，你觉得当校长哪里好呢？"他列出了自己不喜欢的事情——政治活动、筹集资金、不能教书。当被问到"但是好的方面是哪些呢"时，他再次谈到他不喜欢的方面："嗯，我不想放弃我的暑假。"委员会的成员坚持问："但是，帕克，当校长哪里好呢？"

最后，他震惊地意识到一个事实，他说："我想我最希望的是在报纸上刊登我的照片，而且照片下面有'校长'一词。"接着是一阵令人不安的寂静。最后,另一个提问者打破了沉默:"帕克,你能想出一个更简单的办法把你的照片登在报纸上吗?"帕克回想起当时的情景不由大笑,他说:"那个时刻我就意识到了,接受这个职位的想法完全是虚荣心在作祟。"于是他回到家,和妻子商量了一下,然后打电话给那个机构,拒绝了这份邀请。他说:"我在回顾这件事时都怀有极大的感激之情,感谢自己被倾听的经历,但更重要的是,我感谢这个难得的机会,让我能够倾听自己的心声,使我避免犯下一个大错。"

如果当时委员会里有人对他说:"你知道吗,帕克,我觉得你对那份工作不是很感兴趣。"结果可能会有所不同。帕克告诉我:"当人们说出你的感受或告诉你应该做什么时,我想大多数人都有体会,我们会产生戒心,并且开始捍卫那些站不住脚的东西。'真是自以为是,你又不了解我。我当然感兴趣了,这是一个很好的机会。'我们开始说服自己,这就使形势发生了彻底的改变。"

帕克既做过澄心委员会的焦点人物,也在其他数十个澄心委员会中担任过提问者。这段经历促使他制定了一套课程,为的是将这种倾听方式传授给教会团体以外的人。目前,在勇气与恢复中心的资助下,他开设了这门课程。该中心是非营利组织,其总部设在西雅图,是由帕克在 1997 年创立的，旨在为那些从事辅助性职业的人（比如医生、教师和社会工作者）提供支持。其目的并不是要教人们如何组织正规的澄心委员会，而是要教他们相关的倾听技巧，以便他们在工作中提高效率，并且在个人生活中更融洽地与人相处。

已经有超过 20 万人参加了这套静修课程。事实上，课程中最困难的部分是学习如何提出"忠实"的问题。这些问题与静修的现实本质相一致，并被称为"开放而诚实"的问题。一位来自西雅图的神经外科医生参加过一次静修课程，他告诉我："你意识不到自己问的问题会怎样扼杀交流效果。在你的职场和个人生活中，每件事都变得如此二元化——这样或那样，你如果不倾听别人的故事，就不知道什么才是重要的。"

提出开放而诚实的问题并非易事，因为大多数人的提问实际上都是伪装的建议或判断。例如，"你想过去看心理医生吗？"和"你为什么不跟他离婚呢？"。开放而诚实的问题不包括"修复"、"挽救"、"建议"或"纠正"的隐藏含意。"这里排除了所有我们喜欢做的事情。"帕克说。但是，开放而诚实的提问是对他人进行基本了解的必要环节。这样人们才能讲述他们的故事，表达他们的现状，并利用自身资源弄清楚他们对某个问题的感受，从而决定接下来该怎么做。

比如说，你的儿子或女儿在足球比赛结束后跳进车里说："我讨厌足球，我再也不想回球队了，我不干了。"这在一般情况下都会触动家长的神经，他们可能会回答："你不能放弃，你的团队精神呢？"或者"天啊，发生什么事了？我这就给教练打个电话！"或者"你饿了吗？我们去吃点东西吧，你会感觉好一点。"这些都不是倾听。盘问他们出什么事了，这是在审问；告诉他们不应该有这种感觉，这是一种轻视；而转移话题只会让人抓狂。孩子也像我们大人一样，只想被人倾听。请试着这样问："你一直有这种感觉吗？"或者"放弃意味着什么？"请把这看作一种对话邀请，而不是一个需要解决或引发烦恼的问题。

同样，解决问题的方法通常已经存在于人们的心里，只需倾听，你就能帮助他们找到当前以及未来处理事情的最佳方法。范德堡大学的研究人员发现，当孩子在阐述模式识别问题的解决方案时，如果母亲只是倾听，而不提供任何帮助，也不给予任何批评，那么孩子以后解决问题的能力就会显著提高。[16]如果孩子将解决方案解释给自己听，或在头脑中一遍又一遍地重复这个解决方案的话，情况尤其如此。以往的研究表明，与独自得出的解决方案相比，如果身边有一个用心的倾听者,成年人就会得出更详细的解决方案,而且有更多的想法和更好的判断。[17]

无论是你的孩子、恋人、朋友、同事还是员工,当他们带着个人问题来找你时,如果你问的是开放而诚实的问题,并且认真地倾听他们的回答,就相当于传达了这样的信息,"我对你的事情很感兴趣,继续说下去吧"以及"你的感觉是合理的"。如果你急于解决问题、提供建议、纠正错误或转移注意力,那么你就是在说对方没有能力处理这种情况,"没有我,你是做不到这一点的"。这也等于是在告诉他们:"我们的关系中没有容纳诚实情感的空间。"在提问和仔细倾听对方回答的过程中,对方可能会反过来问你问题,并从你的经历中获益,这也没有问题。在这种情况下,你就相当于获得了授权,可以提出自己解决问题的方法,并给出建议或安慰。这也能确保你分享的故事和情感具有真正的相关性,并且能给对方提供帮助。

朱莉·梅茨格是西雅图一名热情的专业护士,她专门鼓励父母和青少年互相倾听。近30年来,她设立的非营利组织"伟大的对话"一直在太平洋西北部地区开设课程和讲座,以帮助青少年和他们的父母进行有关"性"和"其他成长事宜"的对话。[18]尽管这个话题经常让人脸红,但她的课还是人满为患。这一部分可以归因于梅茨格的幽默感（大家都知道她在演讲时会滑稽地将卫生巾粘在毛衣上），也是因为她有能力协调好家庭关系，尤其是她喜欢问一些支持性的问题，而非以建立联系为主的问题。

想想看，当你的孩子放学回家时，你可能会问一连串的问题："今天在学校里怎么样？""你吃了吗？""有家庭作业吗？""你在法语考试中得了多少分？""午餐盒带回家了吗？"同样，你在和你的配偶交流时可能会问："工作怎么样？""你的提案完成了吗？""周五请默里一家来吃晚饭怎么样？""你有需要干洗的衣物吗？"这听起来超级友好，充满关心和好奇，但梅茨格说："实际上你是在检查清单，以确定事情的现状和下一步需要做什么。这不是真正的对话，也不是倾听。"

这并不是说我们不应该问实际的问题，你当然可以问。只是当你只问这些问题的时候，你们的关系就会受到影响。开放、诚实、探索性的提问，真诚的好奇心和认真的倾听，这些都是建立亲密关系的前提，它们不仅能让你更清楚地了解对方的想法，而且也是亲密关系的基础。我们的问题可以很简单："你今天学到了什么？"另外还可以这样问："你今天最开心的事儿是什么？最心烦的事儿呢？"

你越是了解一个人，你们之间的亲密感就越强，无论这个人是你的亲人还是陌生人。纽约州立大学石溪分校的心理学教授阿瑟·阿伦进行了一项实验，他让互不认识的学生配对，并让他们互相问 36 个扩展性的问题，比如：

- 你在打电话之前，有没有预演过自己想要说的话？为什么？
- 对你来说，什么才是"完美"的一天？
- 你最近一次唱歌给自己听是何时？最近一次唱歌给别人听呢？
- 如果你能活到 90 岁，并且在你生命的最后 60 年里，你可以选择保持 30 岁的大脑状态，也可以选择 30 岁的身体，只能二选一的话你会怎么选？

在做完这种相互倾听的练习之后，相互配对的学生都表示他们之间有了强烈的亲密感。[19] 相比于那些在相同的时间里为了解决某个问题或完成某项任务而配对的人，他们的亲密感要强烈得多。事实上，实验中的两对受试者后来还成了夫妻。这项研究在 20 多年前发表的时候几乎无人关注，但当其在 2015 年《纽约时报》刊登的一篇题为《只要你这么做，想爱上任何人都可以》的文章中重新出现时，该研究引起了极大的关注。[20] 阿伦的问题后来被重新命名为"使对方爱上你的 36 个问题"。随着人们继续用这些问题来点燃新的浪漫火花，并重新激发已有的浪漫关系，这些问题已经成为网络上的热门话题。

好的倾听者都是好的提问者。提问会增强倾听的效果，反之亦然，因为你必须用心倾听才能问出恰当而相关的问题，而作为提出问题的结果，你需要倾听对方的回答。此外，真诚地问一些充满好奇而又开诚布公的问题会使谈话更有意义、更有启发性，也容易避免误解。进一步讲，这又使对话变得更有趣、更吸引人，甚至更能引起共情效果，这些都是建立真诚和安全的关系的基础。

如果你不愿意倾听别人的故事，比如他们来自哪里，有什么梦想，为什么从事现在的工作，以及为什么会害怕波尔卡圆点，那么你就无法与他们进行有意义的交流，更不用说建立关系了。什么是爱，爱就是倾听并想要成为另一个人故事中的一部分，除此之外还有什么呢？所有的关系都是如此，无论是浪漫的关系还是柏拉图式的关系。倾听陌生人说话可能是你能做的最善良、最慷慨的事情之一。

那些用心倾听的人（同时以支持型对话而非转移型对话的方式进行回应）最终会像其他人收集邮票、贝壳或硬币那样收集到很多故事。结果是，他们几乎在任何话题的讨论中都能说出一些有趣的东西。我所遇到过的最会讲故事和谈话最有趣的人都是最擅长提问和最用心倾听的人。有一本名为《有名的和无名的》的书，其中提到了一些杰出的倾听者，他们的故事让我着迷。一部分原因是他们收集了太多的材料，另一部分是因为他们似乎已经有意识或无意识地学会了能够吸引你注意力的语调、语气、腔调、停顿和转折句式。

许多著名的作家，包括汤姆·沃尔夫、约翰·麦克菲、理查德·普莱斯和安东尼·多尔，都曾说过"倾听"生成了他们作品的灵魂。[21] 普利策奖获得者伊丽莎白·斯特劳特在接受采访时说："我一生都在倾听，我只是在听，听，听。"她的小说《伯吉斯家的男孩们》中有一个角色名叫吉姆·伯吉斯，他说："人们总是在告诉你他们是谁。"[22] 斯特劳特说，她喜欢赋予他这句台词，因为人们真的会告诉你他们是谁，而且往往是在不知不觉中。她说："如果你用心倾听，你真的可以得到很多关于别人的信息。我觉得人们听得还不够多。"[23]

我们在生活中收集的故事影响着我们，并在现实中为我们搭建支架。有些故事可以把家人、朋友和同事联系在一起，有些则让我们与对手和敌人各走各路。我们周围到处是有关人的传说和逸事、神话和严酷的现实、贬低和夸大之词。倾听帮助我们从虚构中甄别事实，并加深我们对生活中的复杂情况和复杂性格的理解。不管我们身处哪个社交圈，这些都是我们获得材料、收集信息和建立联系的方式。

第 13 章

锤骨、砧骨和镫骨：将声波转化为脑电波

休斯敦乔治·布什洲际机场的乘客接送区里一片混乱。警察大声吼叫着,吹响口哨,让车流绕过建筑物改道而行。工人戴着安全帽,穿着橙色的背心,正在用手提钻拆除混凝土工程。一辆反铲式挖掘机喷着滚滚浓烟,将一堆堆灰白色的碎石投进一辆隆隆作响的自卸卡车的车斗里。好几辆班车空停在那里,发出嘶嘶的声响。小汽车鸣着喇叭,还有司机摇下车窗,大声地咒骂。

我看见我父亲从终点站走出来,当时我正被困在一排小轿车里,而父亲离我大约有900多米远。他拖着一个带滚轮的袋子,滚轮的声响惊动了一群在人行道上啄食的鸽子。我踩着刹车喊道:"爸!"我的声音淹没在周围的喧闹声中,可父亲立刻把头转向了我。他挥挥手,迈着大步径直走向我的车,说道:"自己孩子的声音,什么时候都听得出来。"

当然,有些动物的听力比人类好。例如,一只狗可以听到它的小狗在很远的地方叫,这个距离比父亲和我的距离远得多。大象的听觉也非常灵敏,它能听到云飘近的声音。[1] 但是人类尤其擅长区分声音并对声音进行分类,也许最重要的是,我们会赋予声音以意义。

当我父亲走出机场的时候,他一头扎进了喧闹涌动的声波海洋,这些声波的频率和振幅各不相同。我独特的声音特性引起了他的注意，正是这个声音引发了我父亲一连串的身体、情感和认知反应，让他发现了我并做出回应。我们很容易把这种感知和处理听觉信息的能力看作理所当然的事情。我们每天都在以这种方式听取信息，但无论如何，这项能力的特异性和复杂性仍然令人震惊。

多年来，人们进行了广泛的研究，想要弄清我们依靠大脑的哪个区域理解听觉信息。我们针对各种各样的物种（猴子、老鼠、兔子、鹰、海狮、狗等）研究了声音的识别和解读过程。从听觉信号的自然途径，到你的基因如何根据输入的内容做出回应，在这些方面有数以百计的相关论文可供阅读。然而，对于我们在谈话中如何倾听以及如何与他人交流，人们仍然知之甚少。事实证明，处理别人说的话是我们大脑所做的最错综、最复杂的事情之一。

我们知道，大脑的每一侧都有一个听觉皮层，就在靠近你耳朵的地方。如果听觉皮层受到损伤或被切除，你就会丧失声音意识，即使你可能还会对声音有一些反射性的反应，比如听到雷鸣你会退缩，但你不知道为什么。[2] 对语言理解至关重要的是位于大脑左半球的韦尼克区，它以德国神经学家卡尔·韦尼克的名字命名。[3] 韦尼克于1874年发表了他的发现，即韦尼克区受损的中风患者仍然能够听和说，却无法理解别人对他们说的话。我们尚不知道还有多少大脑区域参与言语理解的过程，也不知道人类之间的差异能有多大。不过我们有理由认为，出色的倾听者能够拾取谈话中的每一个细微差别。相比于那些糟糕的倾听者，出色的倾听者能够在更多的大脑区域触发更多的神经元。

当听别人说话时，我们的大脑处理的不仅是词语，还有音高、音量、音色以及韵律（音调的流动）。事实上，即使有些词语极其含糊，人们也可以准确地解读某条信息所承载的情感。比如一个人说"当然"的各种方式。当有人迫切地想要帮忙时，他会很轻快、音调较高地说出"当然"。而当有人比较犹豫或不情愿帮忙时，他就会以一种试探性的较低音调拖着长腔。还有人可能会在帮忙的时候和你谈些条件，或者根本不打算帮你，这时他们会简短且语气平和地说出"当然"，然后紧跟一个"但是"。

研究人员最近发现，大脑中的神经元专门负责检测音高和音调的细微变化。[4]作为一个倾听者，你听得越多，这些神经元就越能更好地感知各种声音的变化，正是这些变化传递着话语的情感内容和大部分含义。例如，音乐家的技艺在于发现音高和音调的差异，他们比其他人更容易识别情感的声音表现。[5]这在一定程度上印证了一种观点，即音乐家往往有着更为敏感的灵魂。或许并不令人意外的是，在同样不懂普通话的情况下，音乐家往往比其他人更善于辨别语言中细微的音调差异，这些差异除了能传达情感，还能完全改变一个词的意思。[6]

也有一些证据表明，你使用大脑的哪个部分，取决于你如何解读自己听到的内容。尤里·哈森是一位神经科学家，他在普林斯顿大学的实验室里进行了另一项有趣的功能性核磁共振成像实验。[7]该实验显示了偏见性信息的思维改变效应，以此向我们展示了在理解的过程中，听者和说话者的脑电波是如何同步的。他和他的同事让受试者听J. D. 塞林格的短篇小说《嘴唇美丽而我的双眸澄碧》的改编版，这部小说描述了亚瑟和李之间的一次电话交谈。[8]亚瑟告诉李，他怀疑妻子有了外遇，而此时一个身份不明的女人正和李一起躺在床上。在听故事之前，一半的受试者被告知与李同床共枕的女人是亚瑟的妻子。另一半被告知亚瑟是偏执狂，那个女人是李的女朋友。

一个不同的细节足以显著改变受试者听故事时的大脑模式，这样哈森就可以很容易地分辨出谁认为妻子有外遇，以及谁认为她很忠诚。如果这都可以将人们分成不同的神经表征群，那么试想那些习惯收听福克斯新闻（右派）的人会和经常收听CNN（美国有线电视新闻网）（左派）的人有着多么不同的思维模式。如果你把同样的事情告诉这两类人，他们的大脑将听到明显不同的声音，因为信号会通过不同的路径传递，而这些路径取决于他们之前听到的内容。"这将重塑你的思想，"哈森告诉我，"它会影响你的倾听方式。"这说明，尽可能地从多种渠道听取内容，才会尽可能使你的大脑保持机敏。否则，大脑就像一辆没有全速运转的汽车，或者像一块脉冲通道受限的电脑电路板，不能完全发挥功能。

我们处理听觉信息时还有一个有趣的地方，那就是右耳优势。[9]如果你是右利手，当你用右耳而不是用左耳听时，会更好、更快地理解语言的含义。这与大脑的偏侧优势有关，你用右耳听到的声音首先会传到大脑的左侧，也就是韦尼克区所在的位置。在识别语言的情感方面[10]，以及感知和欣赏大自然中的音乐和声音方面，左耳更具有优势。对那些大脑线路正相反的左利手来说，情况可能正好相反。[11]

因此，你用哪只耳朵去听，有可能决定着你是更能理解语言的含义，还是语言中蕴藏的情感。这一发现来自两项研究：一项是让受试者听左耳机或右耳机的声音的研究，另一项是针对大脑左侧或右侧受损的患者进行的研究。例如，那些大脑右侧受伤的人在理解情绪问题时最为困难。[12]

意大利研究人员进行的另一项独创性研究显示,在喧闹的夜总会里,当有人走过来攀谈时,人们经常把自己的右耳偏过来。[13] 相对于左耳倾听,人们在用右耳倾听时更有可能给对方递上香烟。这项研究很巧妙地展示了自然环境中的右耳优势,因为我们很少有机会只向一只耳朵发出请求而又不会显得很奇怪。

这可能会给你一些启示,告诉你要把哪只耳朵偏向说话者,或者打电话时要用哪只耳朵。当和老板谈话时,请将头向左偏一点,这样你的右耳就会发挥更大的功能。如果你不知道自己的另一半是否心烦,不妨换到你的左耳去听电话。如果你是左利手,请按照相反的方式去做。不过,你可能已经下意识地选择了最有利的倾听方式。例如,休斯敦的石油行业是一个男性主导、毫不留情的领域,一位在这种环境中工作的左利手女性高管告诉我,她总是把电话放在左耳上——对像她这样的左利手来说,她左耳的逻辑性更强,情感性较弱。她说:"当我把电话放在右耳时,我好像什么都听不见。当然实际情况不是这样的,但我感觉就是如此。"

身为焦点小组主持人的娜奥米·亨德森告诉我,她发现当人们头向右偏,用左耳倾听时,通常表明他们在更多地诉诸自身的情感部分，这种信息对她的客户而言最有价值。因此，当娜奥米看到有人把头向右偏，用左耳倾听时，她就会重新做出调整，询问小组人员他们正在讨论的产品或问题引发了他们怎样的记忆或他们脑海中浮现出怎样的影像。她是通过经验而不是科学实验发现这一点的，但这个结论是有道理可循的，因为左耳通常更加感性。

你用哪只耳朵接听电话呢？当用力听对方说话的时候，你会把哪只耳朵向前伸呢？你是不是在不同的情况下或针对不同的人分别使用左右耳？这是一个有趣的实验，你或许能够从中获知自己如何处理信息，或者更确切地说，你能得知信息的哪些方面在那个时刻占得先机。同样有趣的是，你可以观察别人将哪只耳朵靠近你，以及这个行为会如何随着谈话主题的改变而改变。

在这一点上，我们应该回到倾听的实际机制上来，这是倾听的必要前提。我们已经讨论过大脑内部如何处理听觉信息，但还需要花点时间来研究这些信息是如何进入大脑的。让我们稍做停歇，思考一下耳朵的神奇之处。我们头部两侧的敞口不仅有助于我们听音辨声，还能帮助我们保持身体平衡。可以说，耳朵帮助我们在身体上和情感上找准了自己的位置。

最早的脊椎动物都有内耳，内耳是前庭（或平衡）系统的最初形式。[14] 患过眩晕症的人都非常清楚前庭系统功能的重要性。它能感知到身体在空间中的加速度和方向定位,并向肌肉、骨骼系统发送信号,让我们保持直立不倒。我们祖先的原始前庭系统不仅能感知到哪个方向是朝上的,还能在压力下产生振动反应,这项能力先是在水下显现,然后是在野外。[15] 这就奠定了听觉的基础,因为声波无外乎就是空气压缩体。巴赫的奏鸣曲、一辆倾倒垃圾的卡车的声响、一只蚊子的哀鸣,这些都是空气粒子,它们按一定的间隔被揉成一团,有点像一条看不见的毛毛虫,在空间里上下上下地移动着。

当声波到达我们的耳朵时,空气压缩体会从挺实、有肉感的外耳耳郭进入神经末梢非常密集的耳道,相对声压增加了20分贝。[16] 田纳西州纳什维尔范德堡大学耳外科主任戴维·海恩斯告诉我,按每平方厘米计数,耳朵上的神经卷须状物比身体其他任何地方的都多。他说:"鉴于我们的耳朵是超级重要的不动产,这样的发育结构可以对我们起到更好的保护作用。"这些感觉神经可以将感受传递到全身,包括内脏器官和性敏感区,这就是为什么人们总是用棉签掏耳朵,尽管海恩斯等医生都警告说这样做可能有害健康。这种感觉真是太棒了。[17] 怪不得有人称其为"耳朵的性高潮"。[18]

在耳道的另一端,也就是你头部以内大约三厘米的地方,声波撞击鼓膜——美丽的、珍珠般的小耳鼓,进而振动旁边的骨骼。这些骨骼有着非常形象的名字,比如锤骨、砧骨和镫骨。在这些地方,声波盘旋在充满液体的耳蜗(cochlea)周围。耳蜗看起来就像是一个蜗牛壳(cochlea 在希腊语中是"蜗牛"的意思)。耳蜗里排列着微小的毛细胞,而每个毛细胞都被调节到不同的频率。毛细胞对人类的声音频率最为敏感,考虑到交流与合作对人类生存的重要性,这也就不足为奇了。

一束硬毛从每个毛细胞中突出来,被称为静纤毛。[19] 每束纤毛的宽度仅相当于可见光的最小波长。当声波来回推动这些神经纤维时,静纤毛就会刺激神经末梢,使各种认知和情感进程处于运动状态。因此,我父亲能够在机场的一片嘈杂声中分辨出我的声音,并做出反应。

大多数听力受损都源于噪声对毛细胞的损害。[20] 在电子显微镜下观察,健康的静纤毛看起来就像士兵按精确的队形站立着。但当它们暴露于较大声响(比如救护车的警笛声)中时,它们就会弯曲、伏倒,看起来就像是遭到敌人的攻击。

如果噪声不太大,持续时间不太长,你的毛细胞或许可以恢复。一般来说,对话的音量为 60 分贝,不会对毛细胞造成损害。但如果通过耳机听音乐，并且将音量调高到 100 分贝左右，那么不到 15 分钟，这就会对你的耳朵造成永久性的损害。即使把音量降低到 88 分贝，你的耳朵也会在 4 个小时后损伤。手提钻或喷气式发动机的噪声能在 30 秒内对你的耳朵造成损害。

一些日常活动也会损害你宝贵的静纤毛，包括吹干头发、使用搅拌机、听摇滚音乐会、吸尘、在电影院看电影、在嘈杂的餐馆吃饭、骑摩托车和操作电动工具。[21] 久而久之，这些噪声累积起来就会导致严重的听力损失。这自然会抑制你的倾听能力和与他人交流的能力。但听力问题矫治专家表示，在嘈杂的环境中，你可以在耳朵里塞上一副廉价的泡沫耳塞，这对保护听力大有帮助。

你还可以花上 40~200 美元，定制适合你独特耳郭的耳塞。价格更高的耳塞还内置了噪声过滤系统，可以让你听得更清楚，但音量会降低。那些在嘈杂环境中工作的人通常会使用这类耳塞，比如音乐家、飞行员、牙医、工厂工人和计算机技术人员。而对那些想要去看电影或听音乐会而又不想损伤耳朵的人来说，噪声过滤耳塞也是一个不错的投资。如果在手机上下载一个噪声监测软件，你就会发现很多电影的噪声水平远远超过了美国疾病预防控制中心和美国国家职业安全卫生研究所建议的上限。

专家已经开始把现在的青少年称为"聋人一代",因为长期使用耳塞式或头戴式耳机正在损害他们的听力。世界卫生组织警告称,由于滥用耳塞式耳机,11亿年轻人正面临着听力损失的风险。[22] 判断孩子听力是否受损的一个好方法是注意你是否能听到他们戴的耳塞式或头戴式耳机发出的噪声。如果听不到任何声音,这个音量就没有问题。当然,不仅是年轻人,成年人也会为了掩盖周围的噪声,或者是因为信号不好而习惯性地调大手机音量。

有报告称,大约20%的美国人,也就是4 800万人左右出现了听力损失问题[23],其中65%的人年龄在65岁以下[24]。这还只是那些在调查中承认这一点的人,实际存在听力问题的人可能远远大于这个数字。因此,听力损失被视为一个重大的公共卫生问题,在最常见的慢性疾病中排名第三,仅次于高血压和关节炎。[25]

许多人在听力严重损失之前不会意识到这个问题。这是因为在轻度至中度听力损失的情况下,你的大脑会自动填补上你在对话中没有听到的词语。问题是,你的大脑不可能一直准确无误。事实上,情况往往并非如此。你的大脑会倾向于那些它希望听到的内容,而不是实际说了什么,或者有时会听到一些根本没有的内容。早在19世纪90年代,研究人员就已经证明了人类对幻听的敏感性。[26] 他们的方法是将一种音调与一些刺激的客体（如光脉冲）进行配对。很快，受试者在只有灯光闪烁的时候才开始"听到"这种音调。你可能有过类似的经历，有时你会听到自己手机的铃声、砰砰的撞击声或汩汩声，但实际上什么声音也没有。

神经学家奥利弗·萨克斯在去世前，把自己听力下降时的"误听词"记录了下来。[27] 他用红笔写下自己听错的话，同时用绿笔写下对方真正所说的话，并用紫笔写下他因此而产生的误解，这真的可以拍成一幕情景剧了。他曾把"脊椎按摩师"（chiropractor）误听成"唱诗班练习"（choir practice），还把"国际法学家"（publicist）听成了"乌贼"（cuttlefish）。我个人经历的一个最有趣的误听事件是，我告诉一个朋友，我想在花园（garden）里种无籽西瓜（baby seedless watermelons），他却说："小耶稣西瓜（Baby Jesus watermelons）？你非得把它们种在马槽（manger）里吗？"

当我们听不懂歌词时，我们大脑中会产生一些多少说得通的代替词，这就是一种常见的误听现象。一个经典的例子是，我们在吉米·亨德里克斯的《紫雾》这首歌曲中听到"当我亲吻这个人（this guy）时请原谅我"时，往往会误听为"当我亲吻天空（the sky）时请原谅我"。这种现象甚至有一个名字：蒙德格林。美国作家西尔维娅·弗里格特在 1954 年创造了这个词，用来描述自己小时候是如何将苏格兰民谣中的歌词"……并把他放在青草地上"（...and laid him on the green）误听成"……蒙德格林夫人"（...and Lady Mondegreen）的。[28]

误听词有时是由麦格克效应造成的。[29]当人们受到相冲突的视觉和听觉刺激时，就会发生这种效应。例如，如果"ba-ba"的音节是通过"ga-ga"的嘴唇动作发出的，那我们感知到的就是"da-da"。

这说明了一点，许多人可能是糟糕的倾听者，因为他们真的听不清楚，而且他们的大脑以奇怪的方式生成替代词。虽然有些误听会产生幽默的效果，但从长远来看，听力损失会导致一连串的不良情绪及社会后果[30]，这包括但不限于：

- 易怒、消极、愤怒、疲劳、紧张、压力和抑郁；
- 回避或逃避社交场合；
- 社会排斥和孤独；
- 工作表现和赚钱能力下降；
- 心理和整体健康状况下降。

这些症状与其说是听力损失造成的，不如说是丧失与人沟通能力的结果。因此，请将音量控制在安全范围内（不超过最大音量的60%），并在嘈杂环境中戴上耳塞，这对保护你的听力至关重要。[31]如果你怀疑自己的听力问题有生理上的原因，不妨给耳朵做个检查。

耳垢的堆积也会导致听力损失。[32] 如果每年让耳鼻喉科医生给自己的耳朵做一两次有效的清洁，你会惊讶地发现这可以很好地改善你的听力。

───〰〰〰───

虽然耳朵对于我们的听力很重要，但值得注意的是，倾听是视觉和听觉的结合。[33] 韦尼克区位于视觉和听觉皮质的交界处，这可能并非偶然。[34] 在完全能听清楚的对话中，唇读占到你理解能力的20%之多。[35] 此外，人们普遍认为，言语信息中至少有55%的情感内容是通过非言语的方式传递的。[36] 所以，即使你已经检查过耳朵，听力也很好，但如果当别人对你说话的时候，你在看手机或望向窗外，那你也不能领会对方的全部意思。

尽管我们认为自己可以控制自己所透露的信息量的多少，但我们的面部表情、呼吸、排汗、姿势和许多其他类型的肢体语言通常都会泄露我们的所思所想。正如西格蒙德·弗洛伊德所说："人无法保守秘密。就算闭紧嘴巴，他也会被举手投足出卖，每个毛孔都散发着背叛诱惑的气息。"[37] 好的倾听者能捕捉到别人忽略的微妙信号。

人们在体会到真正的情感时,会做出各种各样的面部表情。其中最明显的是皱紧眉毛,紧闭嘴唇,因自尊心受伤而扬起下巴,眼睛周围堆起细软的纹路,以及因内心的喜悦而嘴巴大张、向上翘起。我们与很多灵长类动物有着许多共同的、自然流露出的面部表情(微笑、扮鬼脸、惊讶地扬起眉毛),这表明我们的面部表情是先于语言的非自主行为。[38]

查尔斯·达尔文认为,沟通的能力(比如"危险"或"不要惹我"或"做我的伴侣吧")是人类生存的关键,这远远早于我们发展出语言能力。研究人员测算了人们通过面部肌肉收缩来形成表情的速度,他们发现这些面部表情与句子中的口语或手语同时出现,且频率相同。这被称为面部表情的语法化。[39]

显然,真实情感的表达与有些人的"装模作样"是不同的。真实的表情是微小的肌肉收缩的一种特殊组合,尤其是在眼睛和嘴巴周围,这是你无法控制的。你可以强颜欢笑,装出一副勇敢的面孔,假装惊讶,但如果你真的感受到了那种情绪,你的表情就会大不相同。

有经验的人往往可以分辨那些戴上去的假面具,并且善于解读人们的真实情感。那些由情绪平淡的或整天抑郁的或发脾气的父母抚养长大的人,往往很擅长识别各种面部表情。[40]研究表明,长时间盯着屏幕的人也是如此。[41]

但是,如果一个人找机会去倾听和接触各种各样的人,就可以产生逆转效应。例如,研究人员通过观察参加户外营地(不允许携带电子设备)的儿童发现,在5天不玩手机或者平板电脑并与同伴进行交流之后,孩子们可以准确地识别面部表情并辨识照片和录像中的各类情绪。[42]他们的表现明显优于没有参加户外营地并持续使用电子设备的对照组。

人的面部不仅会根据情绪改变表情,还会改变颜色。不仅是尴尬引发的红色和震惊时出现的惨白色,还有很多微妙的色调变化与一系列的情绪相对应。这是因为鼻子、眉毛、脸颊和下巴周围的血液流动发生了轻微的变化。此外,表达不同情绪的颜色模式(色度)是相同的,而不受性别、种族或整体肤色的影响。细心的倾听者通常可以下意识地觉察到这些变化。

美国俄亥俄州立大学的研究人员将各种情绪的颜色特征叠在中性面孔上,结果发现,受试者有高达74.5%的概率能够准确地说出面孔所表现出的感受。[43]我们面部皮肤表面的血管比身体其他任何部位的都要多。而且我们面部的毛发比猿类少,这表明我们在进化上具有优势。但如果你在倾听时不能调动起所有的感官，就感觉不到这一点。

你在听别人说话时，会接收到大量的信号，并且很多信号都在你的意识之外。但不管怎样，正是这些信号使你对某人形成印象并能够解读话语信息。然而，有时候大量信息扑面而来的感觉会令人无所适从，尤其是当话题过于紧张的时候更是如此。这就是为什么有时人们在抛出一些情感话题后，会下意识地选择开车、做饭或做其他不需要直视对方的事情，因为这样可以舒缓气氛。同样，情侣之间可能会在黑暗的卧室里并肩躺着，聊一些严肃的话题，这种视觉信号的弱化可以使他们的感官免于承受太重的负荷。

包括《新鲜空气》电台节目主持人特里·格罗斯在内的许多记者都更喜欢电话采访，而不是现场采访，这样他们就不会因为对方的外表或肢体语言而产生偏见或分散注意力。他们可能也不希望自己不经意间的肢体语言影响对方，或者不想在记笔记或查阅采访笔记的时候让对方感到不安。罗马天主教会的忏悔室也是出于这个目的而设置的，神父和忏悔者之间隔着一道屏风，所以他们之间只有语言沟通。这样可以减少人们的自我意识，鼓励他们更加开放、诚实地进行交流。

然而，这是一种失去与获得之间的平衡。因为非语言信号通常可以承载超过一半的情感信息，如果将其排除在外，你就会错过很多信息。但在某些情况下，非语言信号会妨碍信息的表达或影响信息的准确解释，这时你就需要将其考虑在内了。

如果你不得不和某人远程对话，那么电话比短信或电子邮件的效果要更好一些，因为一个人多达38%的感受和态度是通过语调来传达的。这意味着在许多对话交流中，你只能从可转化为文本的字句中获得7%的意思。[44]回想一下，一个人说"当然"时的不同方式，可以表明这个人在面对别人的请求时是迫切地想要帮忙，还是矛盾心理，还是打算拒绝提供帮助。排除字体样式的差别，词语"当然"在电脑屏幕上看起来总是一个样子。

当然，信号的通畅与否决定着我们接听电话时能否识别对方的语调，而高品质的信号变得越来越难以获得。特里·格罗斯的优势在于，她可以通过综合服务数字网络与人们交谈，这条线路为她提供了高品质的音频效果。但是对那些使用手机打电话的人来说，信号的扭曲、延迟和中断使得他们很难分辨出对方音调上的细微差别，而这些差别都是可以增进理解的要素。

加州大学圣巴巴拉分校的特聘教授兼电气工程师杰里·吉布森告诉我，高品质的手机通话之所以难以实现，原因之一是服务提供商将语音通话的优先级设定得比较低。他说，人们对视频和数据的需求越来越大，因此无线运营商在分配语音通话的带宽或比特率上越来越吝啬。其结果是，音质很差，但服务较少中断。

"他们认为，电话中断比糟糕的连接信号更加令人沮丧。"吉布森说。他是移动通信技术专家，并在这个领域著有多本书籍，如《针对通信和压缩的信息理论和速率失真理论》。换句话说，人们不愿打电话有技术上的原因。[45] "带宽很低，而且通话声音很小，断断续续，听起来不太好，"吉布森说，"难怪人们宁愿发短信。"

虽然手机之间通过数字传输语音的技术非常复杂，但与人类感知、处理语音并最终获知其意的复杂性相比，它就显得微不足道了。听觉的原理尚未在科学中被完全揭示出来，但就目前所知，听的过程非常复杂，并有多种感官参与其中。另外，倾听的机制（耳朵内部的结构）是脆弱的，应该对其加以保护。最后，也是最令人宽慰的是，我们的听觉能力（以理解的准确性为衡量标准）可以通过积极练习得到提升。

第14章

分心上瘾

曾经有一段时期，人们在空闲或焦虑的时候，就会伸手去掏香烟。他们在为某个问题烦恼、喝杯咖啡、招待朋友、开车、参加派对、做爱后放松的时候都会点上一根香烟。现在，在同样的情况下，人们也会本能地拿起手机。就像吸烟者紧张地拍拍口袋寻找香烟一样，没有手机的人也会感到紧张不安。事实上，心理健康专家表示，设备依赖与药物滥用在行为、心理和神经生物学方面有许多相同之处。[1]

虽然我们可能无法通过智能手机进行一场像样的对话（"你能听到我说话吗？现在呢？"），但手机似乎能给我们提供除此之外的几乎所有东西——社交媒体、游戏、新闻、地图、食谱、音乐、电影、播客、购物和色情内容，不知你是否认同这个说法。从根本上讲，与人现场交流更能给人带来情感上的满足感和生活的幸福感，超越以上这些方式。然而，就像任何上瘾的人一样，我们会不停地敲击、滚动、滑动，就像不停地拉动老虎机的操纵杆，希望最终能中个头彩。

这种因害怕错过而产生的强迫行为，让我们的注意力难以持续，并使倾听或任何需要思考的任务变得困难起来。当你全神贯注于虚拟世界中可能发生的事情时，你就很难专注于现实世界中发生的事情。专家担心，我们甚至正在丧失做白日梦的能力，因为做白日梦也需要一定程度的注意力。[2]科学[3]、艺术和文学领域[4]的许多伟大成就都来自白日做梦。阿尔伯特·爱因斯坦、亚历山大·格雷厄姆·贝尔、查尔斯·达尔文、弗里德里希·尼采、T. S. 艾略特和刘易斯·卡罗尔都把他们的天赋归因于长时间不间断的沉思冥想。你可以做到一个小时不玩手机吗？半个小时呢？5 分钟可以吗？

微软的研究发现，自 2000 年以来，人们的平均注意力时长从 12 秒下降到 8 秒。[5]根据报告，金鱼的注意力能够持续 9 秒的时间。记者、心理学家和神经科学家一直在讨论如何测量（人类或金鱼的）注意力，以及人们的注意力是否真的在下降、分散。[6]广告商和媒体公司面临的一个现实问题是，他们比以往任何时候都更难抓住人们的注意力了。[7]

正因如此，《纽约时报》网站现在每天都只发布几句话的简报，并配以生动的视觉效果、视频和动画图像，以此取代了 10 年前标准的段落式的头条新闻引述。网络分析专家表示，大多数互联网用户仅用 15 秒左右的时间来判断是否阅读某篇文章，如果一个网站的加载时间超过了 3 秒，人们就会非常恼火，另做选择。[8]一位英国广告采购员进行的一项研究发现，人们在家时每小时在各种设备（电话、平板电脑或笔记本电脑）之间平均切换 21 次，而且与此同时电视也是开着的。[9]所以,如果你还在看这本书,而且看了这么多页,那我真是太开心了。

在芝加哥"第二城"上演的喜剧小品已经从 15 分钟缩短到 5 分钟。导演敏锐地意识到观众保持注意力的时间缩短了。他们告诉我,他们必须保持情节紧凑,并提供更加动感(动态、闪烁、旋转)的灯光效果。导演和演员表示,他们不能用一些需要很长时间来抖包袱的笑料,不然在演员爆出笑点之前,人们早就去玩自己的手机了。

网站、移动应用程序、视频游戏和社交媒体平台的设计都是为了抓住你的目光和持续吸引你的注意力。[10]Facebook、谷歌和 Epic Games(第三人称热门射击游戏《堡垒之夜》的创造者)等公司将计算机科学、神经科学和心理学结合起来,以吸引你的眼球,这通常是利用了你的社交焦虑、虚荣心和贪婪。它们这样做是因为,你的敲击、滑动、滚动和点击行为就是它们赚钱的方式。不管你喜不喜欢,我们都处在一个注意力经济时代。广告客户会向媒体公司支付数十亿美元来偷偷获取我们的信息,这些信息可能正是我们在关注某物或某事时生成的数据。注意力已经成为一种商品,这种商品在复杂的电子交易平台上进行交易,这些平台则根据手机或网络用户提供的数据进行实时竞价。[11]你的注意力是强是弱并不重要。的确,你的注意力越分散，你就越容易被诱导，进而就越有可能点击"立即购买"。

人类的大脑还没准备好应对当前的挑战。美国爱达荷州首府博伊西的一位全职妈妈告诉我："过去，你只知道身边人的故事，而现在你知道的事扩展到整个宇宙，而且每分钟都在更新。"许多事情扑面而来，不断地以紧急的姿态打断我们的生活。特朗普总统现在做了什么？亚洲的台风造成了多少人死亡？我觉得自己总是受到打扰。为了跟上节奏，我们感觉自己更忙了，实际上却因此什么事都做不成。

在过去的一个世纪里，机器越来越多地占据了我们的注意力，以致人们在醒着的时候用于相互倾听的平均时间从 42% 降至 24%，几乎减少了近一半。[12] 如今，人们就连听录制音频的时间都变少了，因为速听已经成为一种新的速读。[13] 人们听有声书的速度是原来的两倍，而且同时往往还在做着其他的事情，比如锻炼或开车。人们可以通过 Overcast 这样的应用程序以两倍速或三倍速收听播客，这是一种叫作"速播"的模式。有声书零售商兼生产商 Audible 也推出了"给我精彩"的功能，让听众可以直接跳到该公司有声书中带有浪漫标签的热辣部分。

虽然亲身体验的故事可能会有趣得多，但这需要一定程度的耐心，这对习惯在智能手机上加速听音频内容的人来说是很难做到的。

研究表明，如果人们经常用倍速听录制的讲话内容，那么当有人用正常的速度讲话时，他们就很难保持注意力。[14]这就好像你从高速公路上下来后必须穿过一片学校区域时的感觉。此外，你还会失去感知和体会谈话中音调变化的能力，因为人们在两倍速的音频里几乎听不出音调的变化、细微的叹息声、外国口音，甚至听不出因为饮用威士忌和吸烟导致的沙哑嗓音。

当与人谈话时，人们总是会把注意力切换到另一种设备上。他们会时不时地查看手机，而不是全神贯注地听对方说话，这只会让他们的对话更加缓慢、无趣。英国埃塞克斯大学的心理学家进行的一项研究发现，只要桌子上有手机，即使它被静静地放在那里，也会让围坐在桌边的人感到更疏离，更不愿意谈论任何重要或有意义的事情。[15]因为他们知道，自己的讲话有被打断的可能。这是手机带来的一种奇怪的循环现象，它会使人们谈论一些不值得倾听的东西，这反过来可能进一步促使你停止倾听，而去看你的手机。

通过在游乐场和快餐店等公共场所对看护者和孩子之间的互动进行观察，若干研究者发现，绝大多数看护者都只顾看手机，而忽略了孩子。[16]儿科专家表示，这种行为会对孩子的成长造成伤害，因为父母的照顾在儿童成长过程中起着决定性的作用。如前所述，我们倾向于保持小时候养成的倾听习惯。这表明，如今正在步入成年的"触屏一代"可能会在与他人沟通方面存在更大的困难。

不仅是移动设备和互联网的纷扰阻碍了我们的倾听，我们为自己创造的现代听觉环境也阻碍了我们的倾听。例如，无论是小型的初创企业还是大型公司，如今的工作场所都是典型的"开放式办公室"设计，几乎没有墙壁或围栏。因此，每一通电话、每一次键盘敲击声和午餐后的打嗝声都会导致日常的嘈杂。你很难听到自己在说什么，更别说全神贯注地倾听某人的话了，而这个人可能正打算告诉你一些重要的事情。

我们在餐馆里也很难进行安静的交谈。根据食品行业研究和几家新闻媒体的调查报道，美国餐馆的平均音量为 80 分贝（再次指出，一般谈话的平均音量为 60 分贝）。[17] 在最受欢迎、最时尚的餐厅里，音量会超过 90 分贝。可能在上甜点之前，你的听觉就已经受到了损伤。事实上，Zagat 餐饮调查公司最近的一项调查发现，食客投诉最多的就是餐馆里的噪声。[18] 也有证据表明，吵闹声会导致用餐者过度饮食，并做出不太健康的食物选择。[19]

像在 Abercrombie & Fitch、H&M 和 Zara 这样的服饰商店，噪声水平可以达到 80~90 分贝。同样，你去咖啡店、杂货店甚至汽车经销店时,都不可能没有背景音乐,即使是低音量的背景音乐也会分散注意力,让人很难完全理解谈话的内容。在分心状态下,顾客更难以抵御销售人员的强行推销,更容易产生冲动购买行为。[20] 我可以凭经验告诉你,当展示厅里狂响着生存者乐队的《虎之眼》时,如果你正在为了购买汽车讨价还价,那么你已经处在了不利地位。

人们也没有让自己的家成为安静的避难所。电视几乎总是伴随着有线电视新闻、重播节目、循环播放的天气预报或烹饪节目的聒噪声。现在大多数人都会携带某种形式的音响系统,即使只是一个插在苹果手机上的小型便携扬声器。像苹果音乐、潘多拉和声田这样的流媒体服务让那些没有收藏大量音乐唱片的人也可以拥有持续的环境音乐——这对营造情绪非常好,但如果你想要近距离地倾听家人或朋友,这些音乐就会分散你的注意力。

虽然你可能认为自己可以不理会这些事情,但不断有研究表明你做不到这点,一心多用的能力是一种错觉。[21] 每一次干扰都会减弱你的注意力。心理学家丹尼尔·卡尼曼曾写道:"人们常说'集中注意力',这句话是指:你能够分配的注意力是有限的,如果你尝试超出限额,就会遭受失败。"[22]

这一切都是为了说明,如果你想要真正地倾听,就必须营造一个良好的环境。一个容易接受的物理空间和一种容易接受的精神状态同样重要。你需要安静,不受打扰。你所处的环境中不应该有背景噪声,更不用说移动设备的干扰。这似乎没有问题,但实际上我们多久才能营造一次这样的环境呢?

这并不是说你只能在隐蔽或隔音的地方才能和别人进行有效、有意义的交流,那是不现实的。但你可以让某人进到你的办公室,然后让你的电脑进入休眠状态;你可以选择安静的餐厅,把手机调到静音,让它远离你的视线;你还可以找一个公园长椅,也可以在安静的街道上边走边聊,或者只是躲到一个稍稍远离人群的地方去和某人聊几句。所有这些方式都可以表明你善于接纳,愿意倾听别人要说的话。无论谈话是长是短,是公事还是私事,是争论还是心平气和的聊天,你都应该创造一个安静的环境,或者在周围的喧闹中找一个比较安静的地方,这样你就可以更好地与人交流,了解他们的出发点。

2010 年,哈佛大学的一组研究人员合作开展了一个名为"家宴计划"的试点项目,该项目旨在鼓励人们在家庭聚餐时不使用电子设备,并且专注地倾听家人在说什么。[23] 过去 15 年的一系列研究显示,家庭聚餐和相互聊天有助于降低药物滥用、少女怀孕和抑郁的比例,同时可以提高孩子的词汇量、学习成绩、适应力和自尊心。

这个项目最初只以马萨诸塞州坎布里奇及其周边的 15 个家庭为试点，后来发展为一个全美性的倡议，该倡议致力于提供资源，设立讲习班，并指导家庭成员聚餐和保持交流。"我知道你在想，'哦，我的天哪，我们已经到了需要为此开个讲习班的地步了吗'？""家宴计划"的主管约翰·萨鲁夫说，"是的，我们已经到了这个地步了。"①

"家宴计划"给出了许多开启话题的建议，比如"你收到过的最好礼物是什么"和"如果你回到 100 或 200 年前，只能带三样东西，你会带什么"。与前面提到的"使对方爱上你的 36 个问题"类似，谈话的发起者要怀着好奇心而不是评头论足的心态，其目的不是要知道某人取得了什么成就，而是想真正地了解这个人。所以，仅仅是聚在一起吃饭是不够的，任何曾经在紧张的家庭气氛中聚餐的人都很清楚这一点。我们要利用吃饭的机会多提问题，并以一种好奇和开放的心态真诚地倾听对方，这样才能改善彼此之间的关系，并带来良性结果。

根据文学学者罗纳德·夏普的说法，在家庭聚餐或任何聚会上，全身心地关注对方的做法就是一种友好的馈赠。夏普与尤多拉·韦尔

---

① 约翰·萨鲁夫现在是关键伙伴的联合执行董事，关键伙伴是第 7 章中提到的一个组织，其旨在帮助社区和组织中的个人更好地倾听，从而摆脱"我们 vs. 他们"的心态。

蒂合编了《诺顿友谊学》，这是一本讲述友谊的重要性及其意义的选集，其中重点论述了倾听的作用。[24] 夏普告诉我："倾听就是在欢迎另一个人的语言和感受走进你的意识，就是允许那个人跨过门槛，在你的世界里定居下来。"

韦尔蒂就是那种带有传奇色彩的友好馈赠者。夏普说过，韦尔蒂是他所认识的最专心的听众之一，这种倾听能力不仅是其智慧与幽默（显见于她的作品之中）的基础，也让她具备了出色的交友能力。"很多人都觉得她是最棒的朋友。"夏普说。他也和韦尔蒂身边的人有着同样的感想。夏普回忆说，韦尔蒂总是为他腾出时间，并对他说的话表现出真诚的兴趣，还说："她从不催促你，也不会打断你的想法。她邀请你讲述自己的故事，更重要的是，她真的会让你讲述自己的故事。"

这样的邀请可能会产生持久的影响。达拉斯警察局前局长戴维·布朗就是一个例子。2016 年，在一次反对警察种族暴力的抗议活动中，5 名当地警察被开枪打死。布朗是非洲裔美国人，他鼓励人们坐下来彼此交谈，而不是在大街上或网上发起抗议，这个做法在当时受到广泛的赞扬。布朗邀请抗议者加入警察的队伍，以此带来有意义的改变。[25] 布朗的新闻发布会在全美范围内播出后，申请加入达拉斯警察局的人数出现了激增。

布朗后来告诉一位采访者，在他 11 岁时，与他同龄的一个白人同学曾邀请他去家里吃饭，而他现在让人们做的事情和这个白人同学的做法没有什么不同。布朗记得快到他朋友的家时，他觉得自己就像电影《猜猜谁来吃晚餐》中的西德尼·波蒂埃，担心如果他朋友的父母发现他是个非洲裔美国人可能会下逐客令。但是他们对他很热情，给他端来了馅饼，还对他说的话很感兴趣。"为什么我们还没有六年级的小学生聪明？为什么我们不能解决这个问题？"布朗说，"不需要聚集一大群人，不需要大喊大叫，只需要'让我们坐下来互相倾听，然后邀请某人来家吃饭'。"[26]

儿时的布朗在和他朋友一起吃饭时，桌子上没有手机。没有人会在吃东西的间隙查看新闻推送，也没有人会在网上晒美食照片。罗纳德·夏普在拜访尤多拉·韦尔蒂时，韦尔蒂没有打开有线电视新闻作为背景音，也没有在膝盖上放一台苹果笔记本电脑。在这两个例子中，都不存在干扰。主人的关注点和持续的好奇心都在客人身上。这种简单的待客之道给布朗和夏普留下了深刻的印象。即使已经过去了数十年，但当他们回想起曾经倾听他们讲话的人时，他们仍然满怀深情与感激。

第15章

沉默的馈赠

那是一个销售旺季，我坐在得克萨斯州休斯敦艺廊家具店里一张擦得锃亮的樱桃木餐桌旁。格雷格·霍普夫也坐在桌旁，他是艺廊家具店的首席推销员。艺廊家具店年销售额超过2亿美元，所以他的能力可见一斑。和我们在一起的是76岁的霍顿夫人，她小心地坐在椅子边上，83岁的霍顿先生站在她身后，穿着牛仔靴，不停地摇晃着身子。他们正考虑买一张早餐桌，还想在客房添置一张书桌，霍普夫之前还陪他们看过了衣柜。

这对夫妇显然犹豫不决，在5~10分钟的时间里没有说一句话。这种安静变得令人窒息，我开始烦躁不安起来。虽然我在那里只是一个旁观者，但还是差点没忍住要给出点意见或建议，好让他们快些做决定。霍普夫的工作佣金随着他当天销售额的增加而增加。我知道他正在错失其他潜在的顾客，因为当时是节假日，成群结队的人正从前门涌进来。

但是霍普夫的表情就像无风日子里的湖面一样平静。他关切地望着这对夫妇，他那双清澈的眼睛在那副大眼镜后面显得更富有同理心了。当霍顿夫人告诉我们，她的腿自从6年前摔断后一直很不舒服时，霍普夫表情关切。霍顿先生还描述了他在韩国服役期间徒步巡逻的经历。"泥浆都到这里了，"他指着自己的大腿说，"当时还下了雨，然后结了冰。"

就当我以为自己要在这尴尬的沉默中失去控制，确信这两个人不会买任何东西的时候，霍顿夫人脱口而出，说她会买走一整套桌椅，还有那个衣柜，另外他们还要了一个电视柜。这究竟是怎么回事？我惊呆了。而已经卖了30年家具的霍普夫泰然自若。我们把这对夫妇送到收银台后，他对我说："我懂得安静地倾听，我敢说，如果我们坐在那里的时候我插了嘴，他们就只会买下那个柜子，或者什么都不买。"

艺廊家具店里的狂欢气氛和霍普夫的安静有点反差。店里面有关在笼子里的鹦鹉和猴子，有免费的蛋糕和糖果，还有拼凑起来的看上去有5 000平方米那么大的弹簧床垫，供孩子们在上面蹦跳。在电视广告中，艺廊家具店的老板吉姆·麦金瓦尔抓着一把钞票在床垫上一边跳上跳下，一边喊着："艺廊家具店，帮您多多省钱！"

霍普夫则比较稳重，当顾客犹豫不决的时候，他会特意带他们到相对安静的角落，然后听他们一直说下去，或者任凭他们保持沉默。他不会打断、劝诱、哄骗、纠正他们，也不会中途插话。当顾客不停地说话时，他只是倾听，同时也在收集信息。曾经有位老年人说他从来不用电脑，因为电脑正在毁灭世界，于是霍普夫知道，给他看一台操作复杂的高清电视是没有意义的。还有一位忙碌的年轻母亲抱怨说，她刚才带着4个学龄前的孩子去祖母家时遇到了堵车，于是霍普夫带她去看的几款沙发都是很结实耐用的材料，可以防污，包括孩子们吃冰棒时留下的污渍。

霍普夫说："听顾客说话似乎是一件很浪费时间的事情，但实际上它能让员工更快、更容易地知道顾客的所想所需，从而减少误判。"我还注意到，由于他愿意倾听顾客的故事，因此顾客对他少了一些戒备，多了一些信任。这种判断很有道理，因为正如霍普夫告诉我的那样："当你听到别人的故事时，你往往更愿意善待他人。"

霍普夫最突出的地方是他对沉默异乎寻常的高度容忍。当像霍顿夫妇这样的顾客一言不发时，他能够保持完全平静。这是一种罕见的品质，尤其是在西方文化中，如果人们在交谈中出现了间隙，人们就会感到非常不舒服。我们称之为"冷场"。人们认为犹豫或停顿会带来令人难以忍受的尴尬，并尽力避免这种情况。说话者哪怕只是有一丝要停顿的迹象，就算他还没有完整表达一个想法，别人也会随时准备着要插话。

研究者将英语对话中出现的大约5万次停顿或过渡绘制成曲线图，

结果发现在–1 秒到 1 秒之间（负数表示人们在另一个人停止说话之前就开始说话的时间）出现了一条戏剧性的钟形曲线。[1] 该曲线最高峰值约为 0~200 毫秒，这意味着前后说话者之间根本没有停顿，或者停顿持续的时间还不到一眨眼的工夫。对说荷兰语和德语的人进行的研究也得出了类似的结论。[2]

相比之下，日本人允许在交谈中出现更长的间隙。[3] 研究表明，日本商人能忍受的沉默时间约是美国人的两倍，前者是 8.2 秒，后者是 4.6 秒。[4] 日本医患之间出现沉默的比例比美国高，两者分别是 30% 和 8%。[5] 美国人常说"嘎吱响的轮子先上油"，在日本则有"沉默的人是最好的倾听对象"之说。[6]

北欧国家（最著名的是芬兰）也习惯于缄默不言。和日本人一样，芬兰人比美国人和许多西欧人更注重倾听、谦逊的品质和对他人隐私的尊重。[7] 这在一个笑话中有所体现。两个芬兰人一起去上班，他们走在路上，其中一个人说："我的小刀就是在这儿丢的。"当天晚上，两人一起走在回家的路上，这时另一个人说："你是说在这里丢了刀子吧？"在芬兰，别人刚说完话就立刻插嘴是一件不礼貌、很傲慢的事情，更别说打断别人了。在这个国家，沉默不仅无碍，而且是基本的礼仪。但研究人员也指出，生活在较为安静的文化环境中，人们可能会更怕丢脸或被羞辱，这使得他们更不愿意说话。

排除其他因素，我们在谈论由文化决定的沉默容忍度时，这种差别通常只在几秒左右，甚至是毫秒之差。人们普遍不喜欢对话过程出现中断。如果这种沉默持续的时间太长，超过了其所在文化中惯有的时长，人们就会感到不自在，尤其是当他们的交谈对象并非亲密好友的时候。如果你与交谈对象之间有很高的亲密度和信任感，即使谈话慢了下来，你也不太可能认为有必要加快语速。研究表明，如果彼此没有说话，你又不会感到不自在，那么这恰恰证明了你们之间的关系非常稳固。[8] 地位较高的人也不太可能因为谈话中出现的间隙而感到不安，这可能是因为他们在自己的位置上很有安全感。[9]

在西方文化中，人们往往把超过半秒钟的沉默解释为不赞同、不认可或排斥[10]，因此，他们会赶紧说些什么来改善自己的处境。仅仅4秒钟的沉默就足以让人们改变或细微地改变他们要表达的观点，他们会认为对方之所以沉默，是因为不认可他们的观点。[11] 前科技高管、作家兼职业教练金·斯科特曾写过一篇文章，说的是苹果公司首席执行官蒂姆·库克喜欢沉默："一位朋友提醒过我，蒂姆经常会在谈话中陷入长时间的沉默，我不应该因此而感到焦躁，也不要试图去打破沉默。尽管有这样的提醒，但当我们第一次会面时，面对他长时间的沉默，我的反应还是焦虑地不停说话。在这个过程中，我不经意间就告诉了他更多我犯的错误。"[12]

荷兰的一项研究显示，在视频聊天过程中，人们的归属感和幸福感会因为回复的间隔或延迟而减弱。[13] 即使受试者被告知会话的中断可能是由技术问题造成的，他们也会产生这种心理。该研究的首席研究员、社会心理学家纳姆基·库登伯格告诉我，当我们在手机上和人聊天遇到延迟时，我们可能会有类似的不安和不安全感（尽管是潜意识里的），甚至当某人没有立即回复我们的短信时也是如此。

当然，有时沉默的确意味着不赞同，比如有人讲了一个不合时宜或低俗的笑话后产生的沉默。但是"和……沉默"和"对……沉默"之间有很大的区别，就像"和……一起笑"和"对……笑"也大不相同。一般来说，谈话过程中出现间隙只是因为人们在继续话题之前要稍做思考或喘息。人们会趁着停顿的空档想一想他们要告诉你什么，或者告诉你多少，又或许他们需要停下来调整一下情绪。作曲家古斯塔夫·马勒说过："音乐中最好的东西并不存在于音符中。"[14] 往往当旋律出现间隔或消失的时候，我们才能体会到最美好的东西。所以重点是，我们要在谈话过程中关注话语中隐藏了什么，以及沉默揭示了什么。[15]

要想成为一个好的倾听者,就要接受间隙和沉默。你如果过早地(更不要说先发制人地)填补了这些间隙和沉默,就会妨碍对方坦白一些他可能难以开口的事情。这使说话者难以详细地描述一件事情,并且会阻止真正的问题显现。当对方停顿时,你只要等待即可。给对方一个机会,让他们接着刚刚的话题继续说下去。作为一名记者,我花了太长时间才意识到,我不需要说任何话就能让对话继续下去。一些最有趣和最有价值的信息不是来自我的提问,而是来自我的沉默。当你给别人时间和空间来收集他们的想法时,你会在互动中有更多的收获。

事实上,不只是基督教、犹太教、伊斯兰教,世界上大多数宗教(从巴哈伊教到佛教禅宗)都融入了某种形式的冥想或沉思式的静默。信徒希望聆听到更高阶的声音,或者至少倾听最好的自我。特拉普派修道士相信,寂静能打开心灵,迎来圣灵的启示。《犹太法典》中有句话是这样说的:"一句话抵得上一枚硬币,而沉默抵得上两枚硬币。"

贵格会信徒有一种叫作"等候敬拜"的行为,即教众聚集在一起,静静地坐着,这样他们就可以敞开心绪,进入一种神圣的境界。但即便是贵格会信徒也会对静默的状态感到不舒服。印第安纳州里士满的一位贵格会信徒告诉我,在每月一次的周日等候敬拜活动中找一个座位是没有问题的,因为"很多人不去,他们觉得这种安静简直让人受不了"。

正是因为这种面对沉默的不适感,西方商界人士在与不那么健谈的亚洲同行谈判时往往会出师不利。美国商会中负责亚洲事务的高级副会长查尔斯·弗里曼说,西方人不能忍受沉默,美国人尤其如此,亚洲人却习惯于沉默。他说自己一次又一次地看到美国人在外贸协商中陷入不利的谈判地位。

"美国人通常会用说话来填补沉默,就好像沉默是件不好的事情似的,但亚洲人大不一样,"弗里曼告诉我,"在谈判场合中,亚洲人实际上只要坐在那里顺应地接受一切,就能做成很多事情。这真的是一个优势。"他补充说,通过保持沉默,你可以了解对方的情绪和做出承诺的意愿,以及他们不能接受什么,你只需看他们如何表述问题。他说:"如果你在谈判中不去倾听,那你就完蛋了。"

对加拿大作曲家兼音乐教育家 R. 默里·沙费尔来说,沉默是一只"充满可能性的口袋"。[16] 为了说明这一点,他时常要求他的学生在某一天中保持沉默。这些学生一开始并不喜欢这种方式,因为他们可以听得到自己的想法,而且声音更大、更有侵扰性了。有些人说他们在倾听自己的时候感到内心空虚。但在 24 小时结束后,许多学生都说他们对环境声音(如草坪上洒水器的嘶嘶声或炖汤的咕嘟声)有了更深的认识和领悟,而且能够捕捉到谈话中的微妙细节,这些细节都是他们在侃侃而谈时容易忽略掉的东西。

洛杉矶一位很有抱负的歌手兼词曲作家告诉我,她也有过类似的经历。那时她做了声带手术,连续 6 周不能讲话,只能随身带着一块白板,上面写着"嗨,我的声带在休息"。她说,在强迫自己保持沉默的过程中,她意识到自己不是一个很好的倾听者。她说:"与真正的倾听相反,你总是千方百计地思考如何证明自己的观点,还有为什么自己是对的。在不能说话的日子里,我开始更好地理解别人,因为我没有办法说出我的观点,这也让我更能接受别人了,因为我能够倾听。"和沙费尔一样,她也鼓励人们花一天的时间去探索"沉默"这只"充满可能性的口袋"。她说:"如果你能忍受 24 小时,那么你将成为一个更好的倾听者,你会认识到你说的话没有那么重要,也会意识到别人的话的重要性。"

如果你一天下来感觉很疲惫,不妨在某一次谈话中保持沉默。除非被问问题,否则什么话都不要说,然后看看会发生什么情况。就拿酒吧侍者来说,其他人可能不会注意到他们。在生意清淡的夜晚,酒吧侍者可以听顾客说上几个小时，而自己不必说一个字。"你可以说这是因为啤酒能让人放松舌头，"新奥尔良的一位长期经营酒吧的老板说，"但我认为更重要的是，人们不习惯被人倾听，所以他们最后会吐露一些事情，这些事情他们甚至没有告诉过父母或其他重要的人。"

我采访过的酒吧侍者也说，在繁忙的夜晚，顾客彼此之间很少相互交谈，而是自顾自说话，既不知道对方在说什么，也不知道自己在说什么。"人们经常通过交谈来填补与陌生人之间的空白，"北卡罗来纳州阿什维尔的一名装订工人兼酒吧侍者说，"他们试图用噪声来填补一段还没有开始或者还不是很深入的关系空白。"她补充说："只有那些对自己的生活感到自在的人才能接受寂静。"

不知何故，我们迷失在自我推销的文化中，无法通过谈话进入一段关系。我们用喋喋不休填补沉默，但与此同时也建起了一道语言的墙，将你与他人隔开。沉默就是允许别人走进你的世界。沉默中有一种慷慨，但也有一种绝对的优势。那些习惯沉默的人能引出更多的信息，而且不会因为感到不自在而说得太多。请克制住想要插嘴的冲动，这样你在结束谈话时可能会获得更多的见解和更深刻的理解。如果你成为艺廊家具店的格雷格·霍普夫，你的销售业绩会超过其他所有的人。

第 16 章

倾听中的道德：
为什么八卦对你有好处

对我来说，有意思的八卦就像波旁威士忌酒一样吸引人。在得克萨斯州加尔维斯敦我的曾曾姑母家，每到鸡尾酒会的时间，八卦和波旁威士忌酒一样都不少。人们渴望受到邀请，他们主要不是为了喝酒，而是想听听最近发生了什么事。我和曾曾姑母在一起度过了许多不受打扰的时光，直到她97岁去世。我们在墨西哥湾深海钓鱼，在她的花园里切香豌豆，我还开着她那辆老式的深蓝色的奥兹莫比尔敞篷车去兜风。她因别人说她爱八卦而感到生气，我们谈论的都是我们喜欢别人哪些地方，讨厌别人哪些地方。

虽然"八卦"常常带有负面含义，但它实际上具有积极的社会功能。2/3的成年人的谈话内容都是八卦，也就是至少每两个人就会八卦某个不在场的人，这是情有可原的。[1] 男人和女人一样爱说长道短。[2] 孩子到了5岁就能熟练地做个八卦传播者。[3] 我们都会这么做（尽管没有我的曾曾姑母那么有才华），因为八卦能让我们判断谁是值得信任的人，我们想要效仿谁，我们能在多大程度上侥幸逃脱，以及谁可能成为盟友或对手。[4] 这样说来，听八卦可以帮助我们成为有伦理道德的社会成员。

我们会从家人、朋友、同事、老师和宗教领袖那里听到八卦，然后用这些八卦来社交。那些耶稣的寓言和佛陀的故事，不也就是有记载的八卦吗？荷兰研究人员发现，当听到积极正面的八卦时，人们会效仿类似的行为，负面的八卦则会让人自我感觉更好。[5]另一项研究表明，你对八卦越感到震惊或不安，你就越有可能从中吸取教训。[6]

当然，如果你是八卦的对象，你还有可能因此改过自新。斯坦福大学和加州大学伯克利分校的研究人员发现，在一场金融游戏中，受试者只要有机会，就会在背后议论那些不诚信的人。[7]而这反过来能够让坏人改邪归正，以重新赢得所有人的好感。结论是，允许成员八卦的组织会比那些不允许八卦的组织更有合作精神，更能遏制自私行为。

即使八卦内容并不完全属实，情况也是如此。澳大利亚和英国的社会心理学和经济学机构合作进行的一项研究表明，任何形式的八卦，无论是否准确，都会产生一种对"名声"的需求。[8]研究人员让受试者玩一个基于信任的游戏，游戏涉及奖励的分配。当人们可以自由地批评或赞扬同伴的诚信度时（即使评价有误），他们与那些不被允许说八卦的人相比表现更好，工作效率也更高。研究人员发现，不准确的八卦往往是出于严厉惩罚坏人的愿望（人们有时会把坏人说得更坏）。还有一种看法是，听人们如何谈论他人（不管是真是假）或许还能让我们了解更多关于说话者的信息。

难怪八卦会让人们下意识地把身体前倾,把声音降低,搞阴谋似的窃窃私语。八卦是有价值的。我的曾曾姑母在和我讨论一些特别敏感的事情时,两人几乎会碰到额头,甚至在周围没有其他人的时候我们也是如此。大量的证据表明,听人讲八卦是一种智慧行为,这对提升我们的适应能力至关重要,而不是无所事事、肤浅或头脑简单的表现。八卦学者(比你想象的要多)说,谈论别人是观察学习的延伸,使你能够从认识的人甚至是你不认识的人所经历的成功和磨难中学到东西。[9]

我们在第4章中提到过英国人类学家、进化心理学家罗宾·邓巴,他将八卦研究与自己对友谊的研究进行了结合。邓巴告诉我,尽管人们普遍认为八卦大多是出于恶意,但只有3%~4%的八卦是真正的恶语中伤。[10]他说:"八卦越过院子的篱笆,坐在门廊上,在摇椅里摇来摇去。八卦大多是在讨论你和别人之间发生的一些摩擦,也包括社区里发生的事情,以及人们在网络上的状态——谁和谁闹翻了。"

社会动态瞬息万变,异常复杂。人与人之间的每一个决定和行为都是无数因素在特定时刻、特定人群之间共同作用的结果。同样的互动有时是无关紧要的,有时却会导致情况完全失控,这取决于若干变量。邓巴表示,要理解这种复杂性极其困难,这就是为什么"我们如此感兴趣地去倾听和研究大量的例子,为的就是理解游戏是如何进行的，以便我们能够更好地应对"。的确，人们来参加我曾曾姑母的鸡尾酒会就是为了搜集这样的信息。加尔维斯顿可能是一个安静的海滨小镇，但无论是过去还是现在，人们都有说不完的滑稽事和秘闻。

邓巴认为，要了解八卦的起源，我们只需看看猿类的梳毛行为就可以了。[11] 人们认为，早期的人类就像猿类一样，通过互相梳理毛发来建立社会关系。互相理毛和清除虱子的过程可以使其萌生善意，这样以后两人就可以分享香蕉，或者互相保护了。然而，随着人类变得越来越聪明，活动越来越复杂，社区越来越大，尽管我们仍然会爱抚那些和我们最亲近的人，但是语言（更具体地说是八卦）已经取代了梳理毛发的行为，成为一种建立和维持联盟的方式。

邓巴表示，八卦相比梳理毛发的优势在于，八卦是一种更"有效的社会联系和社会学习机制"。梳理毛发在很大程度上是一对一的交流，这可能需要相当长的时间（取决于你同伴的毛发有多乱以及身上有多少虱子），而面对面的交谈效率更高，最多可以容纳4个人（1个发言者和3个听众）。[12] 即使人数再多，也往往会分成更小的群体。你可能在大型聚会上见过这种现象：宾客会自发地以2~4个人为一组进行交谈。

这或许可以解释为什么社交媒体如此诱人。八卦在网上传播的速度之快，数量之多，是你在面对面的交流中无法实现或控制的。它让你有一种紧迫感，想要通过不断地查看消息来确保自己没有落伍。但是，你永远也无法和所有的信息同步。网络上充斥着海量的说法和解释，这使得信息的质量和价值直线下降。

〰〰〰

社会科学文献经常从经济学的角度来讨论八卦，并以供求规律为依据。[13] 例如，我的曾曾姑母用最私密的方式一对一地告诉我的事情，对我来说比她在一个鸡尾酒会上随便说出的事情更有价值。在鸡尾酒会上，每个人基本上都可以随意地对任何人说他们想说的话。你大概能够猜到，相对而言，很少有经济学家会说网络八卦有什么价值。信息的价值与它的可获得性和覆盖性成反比。

芝加哥大学社会学家彼得·迈克尔·布劳在20世纪60年代创立了社会交换理论。[14] 该理论将经济学应用于社会交流，包括我们相互披露信息的行为。布劳是"焦点小组之父"罗伯特·默顿的学生，他认为倾听别人的故事本质上是一种需要争取的特权。人们一开始只会透露一些不那么敏感的信息，这些信息即使传出去也没什么大不了。但是，当双方都通过他们的专注、感同身受和谨慎来证明自己的可信度时，他们的关系就会更加深厚，于是就会向对方透露更重要的信息

（更私密的信息）。

因此，倾听不仅可以让我们学习如何成为有道德的社会成员，其本身也是一种美德，使我们配得上最有价值的信息。法国哲学家伊曼纽尔·列维纳斯认为，人际交往是个人道德的基础，而倾听以及倾听所产生的理解和同理心，赋予我们生活的意义和方向。列维纳斯是犹太人，他在二战期间做过战俘。他强调了体验"他者"的重要性：通过面对面地与他人交流，认识到我们所有人的故事都是不同的，但深层的情感是相同的。[15] 倾听"他者"可以让我们认识到人类共同的脆弱，并赋予我们道德上的责任，即不伤害他人。

正直和品格不是与生俱来的，而是通过你日复一日做出的选择逐渐形成的，其中也包括你选择倾听的对象以及倾听的程度。作为一个有道德的人，你要考虑到自己的言语和行为会如何影响他人。如果不倾听，这一点就无从谈起。在一个非常实际、优胜劣汰的环境中，我们作为一个物种在寻找食物和狩猎大型猎物的过程中通过合作生存了下来。早期的人类必须倾听与合作，否则就只有死亡。行为规范和文明礼仪就产生于这些早期的共同活动，并且后来使我们形成了道德观念。[16]

当代法国知识分子帕斯卡尔·布鲁克纳在《纯真的诱惑》一书中

辩称，现代个人主义可能正在使我们倒退。他注意到，当一个人把自己放在第一位的时候，他就没了社会责任感，"只以自己的认知为指引，他就失去了对地点、秩序和定义的把握"[17]。他可能会获得自由，但已经失去了安全感。在如今这个凡事靠自己的社会里，我们都觉得要为自己的快乐、进步和成功负责。布鲁克纳写道："为了被人接受，每个人都必须推销自己。"但这种持续的自我推销和形象塑造是有代价的。我们失去了与他人的联系，并最终失去了归属感和关联感，而这正是我们最初真正想要的东西。

现在的情况是，人们说得更多，听得更少。然而，从狩猎长毛猛犸象到登上月球，人类所有的成就都源于我们对彼此的故事、想法和忧虑能够给予理解和回应。不听取别人的意见，就会削弱我们的能力，影响我们的成就。这也可以被视为道德上的失败，不仅影响彼此之间的关系，而且有碍社会的整体发展。

此外，当人们总是急于推销自己时，他们往往会夸大其词，这会降低谈话的质量，助长自以为是的风气。当被问及自己智商如何时，物理学家兼宇宙学家斯蒂芬·霍金说："我不知道，吹嘘自己智商的人都是失败者。"[18]这句话竟出自一个被许多人公认的世界上最聪明的人。我的曾曾姑母也注意到，那些最爱吹嘘的人通常一无所成。当你试图推销自己,而不去注意你面前的人有什么优点时,请思考一下这个问题。

人们往往会后悔自己没有听到什么,而不是听到了什么;他们会懊悔自己多说了什么,而不是没说什么。自我吹嘘不一定能取得预期的效果。你可能急于表达自己,但这样做可能会适得其反,因为你等于是在别人的脆弱面前展示自己的优越感。这并不意味着你必须口不由心或者自我贬低,但你确实需要倾听,知道什么时候和对方说什么事情比较恰当。不是每件事都像你想的那样有必要说出来。事实上,有时候你最好等到自我感觉不那么强烈的时候再说。

我在为写书做采访的过程中,经常有人表示自己很后悔。许多人表达了深深的遗憾,说他们没有在人生的关键时刻选择倾听。他们过于心猿意马,或者总想一吐为快,而忽视了潜在的影响。他们会想起一个死去的人、一段终结的关系、一份失去的工作,或者曾经发生的一次争吵,并希望自己能回到过去,问更多的问题,并且更加用心地倾听对方的回答。

俄亥俄州牛津市迈阿密大学遗憾实验室主任、心理学家艾米·萨默维尔表示,与人际关系有关的社交遗憾往往比非社交遗憾(比如你在哪里上学,或者你做了什么投资)更加强烈。[19] 此外,研究表明,最让人后悔的是那些本可以做得更好却不能重来一次的事情。[20] 拒绝倾听，就会留下遗憾。因为一旦错过了机会，你就永远无法重新回到那一刻。直到为时已晚，你才知道自己错过了什么。

萨默维尔告诉我："拒绝倾听别人的意见是最让人遗憾的事情之一。倾听对人际关系至关重要，而且这是一件我们完全可以掌控的事情。"她说，遗憾是仅次于爱的第二常见的情绪状态。[21] 这两种感觉是交织在一起的，因为最强烈的遗憾就是我们忽视了自己所爱的人。人际关系经常因为忽视而破裂，而造成忽视的一个主要原因就是没有用心。无论是作为一种进化的生存策略，还是基本的道德行为，抑或是我们对自己所爱之人的亏欠，倾听都是让我们作为人类团结在一起的重要因素。

这让我想起了我的曾曾姑母。有一次只有我们两个人一起吃早饭，我们挤在她的红木餐桌的一头。春天到了，紫藤的香味从开着的窗子外飘了进来。我们一直在谈论一个人，这个人在世的时候对自己所做的一些事情感到非常后悔。当时我的曾曾姑母已经 90 多岁了，我问她是否有什么遗憾。"遗憾又有什么用？"她说。

第 17 章

设定边界：
何时你应该拒绝倾听

几年前,我为《纽约时报》写了一篇关于假笑的文章。[1]我打电话给一位研究笑声的心理学家兼大学教授。我想知道为什么人们在没什么好笑的事情发生时还经常笑。他先讲了几个笑话,这对一个以研究笑声为职业的人来说并不奇怪,只不过那些笑话很无趣、蹩脚。为了表示礼貌,我强迫自己发出了"啊—哈—哈"的假笑声。

随后,这位教授开始了长篇大论,说的是人类的笑声是如何从猿类的喘息声演变而来的。"我想这可以回答你的问题。"他最后说道。"嗯……还是不太清楚。"我说。然后,我再次试图告诉他,我想知道的是关于假笑的事情,尤其是为什么人们在不安的时候会笑。他纠正我说,人无法假装去笑。"我们刚才谈话的时候你就在笑,真的是在笑,这是件好事,对吧?"他这样说着,丝毫不怀疑我先前的"啊—哈—哈"中有几分诚意。他继续说道:"男人最擅长逗笑,这不是娱乐业中的性别歧视问题,而是女人的确不如男人那么容易引人发笑。在世界各地,耍宝高手都是男性。无论是表演喜剧,还是在鸡尾酒会上,男性都是最会逗人笑的人,这点没有问题吧?"

直到最后,我的问题仍然没有答案。我非常感谢他为此付出的时间。打这个电话并不是一无所获,他很好地证明了我关于假笑的论点,但是是时候停止听他说话了。后来,有 4 名心理学家、3 名神经学家和 1 名幽默专家让我对人们真笑和假笑的原因有了新的认识,并懂得了如何分辨两者的区别(提示:假笑中夹杂着"哈—哈—哈"或"啊—嗨—嗨"或"嘿—嘿—嘿"这样的声音)。我还了解到,幽默可能不存在性别差异,但女性更容易假笑,对于这一点我已经给出了很好的证明。

然而更重要的一点是,有时你需要做出决定,拒绝倾听。虽然每个人都可以让你学到点东西,但这并不意味着你必须倾听每一个人,直到他们喘不过气来为止。很明显,你不能做到这点。正如乔治·艾略特在《米德尔马契》中所写的:"如果我们对所有普通人的生活都保持敏锐的洞察力和感受,就好像听到了青草生长和松鼠心跳的声音,那样我们会死于沉默对岸的喧嚣。"[2] 此外,一天只有 24 个小时,所以我们要在有意或无意中做出选择,看谁值得我们付出时间与注意力。

根据英国语言哲学家和理论家赫伯特·保罗·格赖斯的说法,人类在交谈中会无意识地产生某种预期。[3] 如果这种预期没有实现(就像那位无趣的笑声专家那样),我们就会不太愿意倾听。其根源在于这样一个事实,即交流的本质是一种合作行为,所以当我们发现合作伙伴没有履行承诺时，我们就会觉得自己被欺骗了，想要退出这场交易。格赖斯将我们的"交谈预期"概括为 4 条准则：

1. 质量准则——我们期待真相；
2. 数量准则——我们期望得到自己不知道的信息，而且信息量不能太大，否则我们会感到不知所措；
3. 关系准则——我们期待相关性和逻辑性；
4. 行为准则——我们希望说话人能够做到简短、有序、明确。

一些学者认为，"礼貌"和"公正"也应该包括在内，但格赖斯的这 4 条准则被广泛认为是文明社会中的大多数人期望的，即使这些人自己都没有意识到这一点。[4] 它解释了为什么与痴呆患者或精神病患者交谈如此困难，因为他们不再受现实和社会规范的束缚，他们可能会滔滔不绝地讲一些不切实际、杂乱无章、模棱两可、含糊不清或不连贯的观点。这也是为什么打电话给技术支持人员如此令人恼火，因为脚本化的回答通常与你说的话没有逻辑联系，其提供的信息要么太少，要么太多，而且往往不是我们想要的东西——"那是你们的设备，不是我们的"。[5]

格赖斯的准则所暗含的社会契约适用于各种文化，无论人们是在友好交谈还是剑拔弩张。即使彼此都很生气，双方也仍然会遵循规则，以使争论富有成效。虽然格赖斯的准则都是一些普遍的概念，但它们也普遍地遭到了践踏，这或多或少是因为人们可能对什么是真实的、相关的、有逻辑的、简短的、有序的或明确的东西有着非常不同的看法。但我们在内心里仍然对这些东西有所期待。当我们发现对方完全是在胡扯，或者有人抛出一个不合逻辑的结论，或者对一些我们不关心的事情说个没完时，我们通常都会恼火地离开。

虽然听上去可能有些奇怪，但大多数违反格赖斯准则的人与其说是糟糕的发言者，不如说是糟糕的听众。无论是面对一群人还是一个人，最好的沟通者永远是好的倾听者。他们能够融入谈话，给对方带来快乐和启发，这是因为他们会首先尝试了解对方，然后以恰当的方式说恰当的事情。

他们在讲话时也会与对方保持协调，关注语言和非语言的暗示，以及房间里的气氛。他们通过此种方式评估对方是否注意到了这些暗示，以及是否关心这些话题。这就好像你会用不同的说话方式来跟你的祖母／女朋友、同事／客户，或者你的自由主义朋友／保守主义朋友交流一样。

你讲话的内容和方式取决于你对受众的理解——或者至少应该是这样。即使你有强烈的价值观和信念，但如果不考虑面前的受众，你就无法引起对方的关注，也无法让对方明确地领会并信服你的观点。不是每个人都有相同的趣味、情感或理解水平，如果不去辨别和尊重这些差异，那肯定会遭人厌烦或反感，或者对方会拒绝与你交流。

倾听不只是别人说话时你应该做的事情，这也是你在说话时应该做的事情。对方真的有兴趣听你谈孩子的双簧管独奏会吗？当你开始谈论政治时，对方有没有皱眉？当你说要"长话短说……"时，你是不是听到对方松了一口气？如果你不擅长在自己说话时解读别人的反应，那就直接问他们："我有没有说清楚？""我是不是有点过了？""你怎么看？""你还在听吗？""我令你感到厌烦吗？""这有没有道理？""说得太多了？"

在最理想的情况下，交谈是一个不断地通过倾听获得反馈的循环过程，人们在反馈中知道自己应该说什么和怎么说。拉尔夫·沃尔多·爱默生曾写道："好的读者成就了好书。"[6]同样，好的倾听者才能成就一场谈话。当谈话双方都很用心、很投入时，这就像一场美妙的舞蹈，无论你们两人之中谁在说话，另一个人都会专注地倾听对方。乌里·哈森和他的同事发现，这时不仅你们的脑电波是同步的，而且研究表明你们的身体动作和语调也变得协调起来。你们会模仿对方的说话风格、身体姿势、眼神和手势。[7]

有些人听不懂你在说什么，也不考虑你对所听内容的感受。与这些不善于倾听的人交谈，就像与一个节奏不同或没有节奏的人"尬舞"。小心不要被踩到脚趾！这个人的东西可能有些价值，但你必须集中精力，依靠自律，才能耐心听下去并弄清对方在说些什么。

或者这个人就是个浑蛋，尽管这样的人不多。他们以自我为中心的谈话风格通常会透露出深深的不安全感、焦虑或盲点。有时他们也会倾听——不仅是倾听你，也倾听他们自己。当他们这样做的时候，谈话就会变得更连贯、更切题、更有响应性。作为一个倾听者的优势在于，你可以决定自己想投入多少精力，以及什么时候不想继续听下去了。

任何有过糟糕的约会经历的人都知道，当你和对方完全脱节时，和这个人在一起是多么痛苦。如果你忘记了这种感觉，不妨收听几期《第二次约会进展》，这档节目可以点拨门外汉。休斯敦、西雅图、芝加哥和波士顿等大城市的流行音乐和乡村音乐电台均有播放，你可以在早晨开车的路上收听。节目当中会有男女听众打进电话，他们都刚刚经历了一次愉快的约会，却不明白为什么对方不再回复自己的短信，也没有要求第二次约会。早间电台主持人会打电话给那个人的约会对象，问出了什么问题。这个时候，希望第二次约会的那个人和无数通勤路上的听众都在偷听他们的谈话。这样的谈话时而让人听入了神，时而令人震惊，时而滑稽，时而悲哀。虽然人们如此渴望联系，却完全做不到倾听对方。

以乔纳斯为例，他亲自喂养了几只被他称为"小强盗"的野生浣熊，并在他的院子里给它们搭建了浣熊乐园，而他平时喜欢看浣熊在乐园里嬉戏。乔纳斯在第一次和玛丽约会时就把"小强盗"介绍给了她，却没有发觉玛丽对此感到很不舒服。还有汉娜，她在纳特邀请她参加的一个儿童慈善活动中忙于分发名片、建立人际关系，却没有察觉到纳特的不满。与可能携带狂犬病的动物为伴、不知疲倦地自我推销，这些行为是否会让情感关系产生问题，对此人们可能看法不一。然而，如果你不能注意到约会对象的话语和反应，那就必定会造成情感问题。

这就是为什么《第二次约会进展》如此令人尴尬。打进电话的人都没有倾听他们的约会对象，这自然让第二次约会都泡了汤。他们没有就此打住，而是要求电台主持人替他们倾听。然后，当无意中听到约会对象在解释自己的感受时，他们通常仍然不去倾听，而是会打断通话，坚称对方完全搞错了。出生于波兰的社会心理学家罗伯特·扎伊翁茨写道："我们当然有可能犯错，但对于自己喜欢什么或不喜欢什么，我们从不犯错。"[8] 请倾听别人的感受，而不是试图说服别人产生不同的感受。你不能通过争辩建立情感，但真正的倾听一定可以做到。

虽然找到一个易于交谈、彼此理解的人（一个浪漫的伴侣，或者只是一个好朋友）是件幸事，但是不要期待你们俩能一直保持这种程度的关系。不管你的个性、天资或动机如何，你都无法做到持续地用心倾听，这会让人感到精疲力竭。实际上，空中交通管制员在轮班一个半到两个小时后就必须休息。新入职的管制员可以连续工作的时间更短，因为他们还没有形成足够的耐力。这些空中管制员不仅要倾听飞行员的请求和指令的反馈等信息，还要倾听飞行员的声音中是否有任何不安或困惑的迹象，以便判断什么时候驾驶舱可能会出现危险情况。

达拉斯-沃斯堡地区的一名空中交通管制员告诉我："如果听的时间过长，你就会感到精神疲惫、神情恍惚。你必须小心，因为有些人更容易出现这种情况。"他说自己经常在轮班结束后精疲力竭，有种再也不想听任何事情的感觉。他说："有时候我回家后最不想做的事情就是和家人交流。这使家庭氛围很微妙，但我就是听不进任何人说话。"

焦点小组主持人娜奥米·亨德森曾跟我说，做一个好的倾听者有一个弊端，那就是人们总是打电话向她诉说自己的问题。大家都知道，她曾经拿着手机走到前门，然后按响门铃，这样她就可以说："哎呀，有人来了，我得挂电话了。"此外，她说："你就像一碗巧克力慕斯，每个人都想挖一勺子。"当有人听你说话时，你会有一种被爱的感觉，有些人可能不知道其中的区别。作为一个好的倾听者，你要知道自己的能力极限并设定好边界。

如果你不能好好倾听是因为你不同意别人的观点，你太关注自我，或者你认为自己已经知道别人会说什么，那么这些都会让你成为一个糟糕的倾听者。但如果你是出于脑力或情绪的原因不去倾听，这是人之常情。在这种情况下，最好是退出对话，稍后再回来。如果你只是心不在焉地听别人讲话，或者像是在快速浏览一本书那样敷衍地去听，那么别人就会注意到你没有好好倾听。即使小孩子也知道你没有在听。以我朋友的小孩为例，他不断地把他爸妈的手机扔进厕所——别的不扔，只扔手机，因为他很清楚是什么东西让爸爸妈妈不听他讲话。

　　有时你不得不承认，你尽管很努力，但还是无法倾听别人。可能是你内心的某些东西阻止了你去倾听，也可能是对方不想被人倾听而有所保留，还有可能是这个人本身就带有毒性。对于这样的人，无论你什么时候听他们说话，你都会感到沮丧、自卑或痛苦。你不可能去倾听别人的辱骂或恶毒的话语。美国波特兰俄勒冈健康与科学大学的精神病学教授凯瑟琳·泽布附和了我采访过的几位心理治疗师，她说："在我们这个领域，有些病人是你无法治疗的。生活中也是一样，有些东西你无法倾听。每个人都应该知道这一点，这是人类经验的极限，没有关系。"

　　问题是我们往往会过早地放弃。很少有人（如果有的话）可以毫不费力地拥有出色的交流能力，这往往需要时间建立自信，也许还需要让对方信任你，你们才能畅快地交谈。无论是以老板、同事、朋友、爱人还是陌生人身份讲话，人们都需要一段时间才能把自己想说的说出来。他们可能会拐弯抹角，或者用幽默掩饰，也可能说得太多或太少，甚至可能说一些他们并不想说的话。一个好的倾听者会花时间和精力帮助对方找到自己想说的东西，从而赢得对方的亲密感和理解。倾听者可以通过持续的关注来获得对方的信任。另外，你难道不想在倾听对方的过程中弄明白自己想说什么或需要说什么吗？

有时我们需要不止一次交谈才能了解对方想说什么。我曾经在采访结束的时候感觉自己什么都明白了，可思考一段时间后，我又回去问了一些其他的问题，甚至是用不同的方式再次问了同样的问题，以获得更明晰的答案。即使说话者已不在你的面前，你也可以反思对方说了些什么，并在此过程中继续倾听，获得更多的见解。这并不是建议人们进行强迫性的穷思竭虑。精神病学家泽布表示，过分思虑通常与不安全感有关，而不是真正的思考。当你一遍又一遍地体会对方说话时你的感受，而不是对方说那些话的感受时，你就会知道泽布说得不错。

对普利策奖获奖作品《所有我们看不见的光》的作者安东尼·多尔来说，写日记是一种反思式的聆听。出生于1973年的他从16岁起就开始写日记。"这真的是一种训练自己观察和倾听能力的方式，"他告诉我，"你放慢脚步，透视一个大而混沌的世界，这几乎像是在祈祷。"好的新闻报道也具有同样的特质。例如，《纽约客》上的人物版块就是作者对访谈对话的反思，文章中不仅会提到访谈对象说了什么，还会涉及对方没有说出口的内容及其言谈举止。难怪在哈佛大学法学院的谈判课上，吉里恩·托德告诉学生们要倾听对方的意见，就好像他们要写一篇关于对方的报道或杂志文章一样。

我本人特别喜欢收集语句,而且每天都会记录下那些自己听到的也许是出于偶然的有趣、好笑或发人深省的事情。我有好几个笔记本,并在电脑里存储了几个文件夹,里面写满了朋友、家人、同事、陌生人(当然还有我采访过的人)的精辟言论。当你开始留心的时候,你会惊讶地发现有多少东西值得记录下来。回过头来看一看自己摘录的语句,你会发现一些有趣的东西,这些东西和说这些话的人一样能揭示你的内心。

当你反思别人所说的话时,那个人的思想和感情就会在你身上扎根。这是倾听作为一种友善行为的延伸。你相当于是在邀请某人进入你的意识,而你所在意的对话将伴随你的记忆。普林斯顿大学哲学教授、《论友谊》的作者亚历山大·内哈马曾告诉我:"最好的友谊是,你能够立即沿着对话中断的地方说下去,因为对方说的话一直萦绕在你的耳边。"事实上,你能说的最令交谈对象欣慰的一句话就是:"我一直在想你说的话。"同样,朋友就是能把你现在说的和过去说过的话联系起来,帮助你解决问题或理清思路的人,有时他们仅仅是让你觉得这种联系很有意思。

但在如今这个时代,倾听被视为一种负担。当有人倾听自己说话时，人们常常感到羞愧、尴尬或窘迫，更不用说别人对他们的话进行深思了。他们可能会把自己的灵魂放入互联网这个数字黑洞，但把自己暴露给同一间屋子里的某个关注他们的人，这就完全是另一回事了。艾米·布鲁姆在《爱创造了我们》中写道："在经历了这么长时间的冷漠并习以为常之后，'被了解、被听到、被看到'可能真的是太难、太迟了，甚至人们已经对此不抱希望了。"[10]

杰里·雅各布斯是纽约的一名发型师。他告诉我，他的很多顾客都曾因为理发的时候向他倾诉烦恼而道歉。"他们似乎认为自己做错了什么事，"他说，"我告诉他们不要担心，倾诉是有帮助的，我不介意倾听别人的苦恼。"如果你在他的理发沙龙，就可以很容易地看到人们如何释放出自己被压抑的思想和情绪。首先，当有人站得离你很近，并触摸你的头时，你就会有一种亲切感。雅各布斯会问一些非常个人化的问题："你对自己的外表感觉如何？"以及："你希望自己看起来是什么样子？"

他的顾客面对镜子，似乎既是在对他说话，又是在对自己说话。雅各布斯说："我有一种感觉，在他们很多人的生活中，其他人没有听他们说话，或者可能没有好好倾听。"无论是坐在理发椅上的那个年轻女人想尝试挑染蓝绿色，还是那个中年男子想遮一遮他的秃顶，雅各布斯都认真地听他们在讲些什么。他们还会一点一滴地诉说自己失败的社交、孩子的问题、关于健康的担忧、社会焦虑或金钱困扰。这些问题累积起来就像地板上成堆的头发。

当你不打断别人或试图说服别人时，你就不会妨碍他们继续说下去，表达出自己的想法。他们有时会说一些本不想说的事情，甚至是连他们自己都没有意识到的事情。这可能会令人不安，而他们或许并不希望出现这种情况。我曾采访过一些人，他们后来对自己说的话感到尴尬，或者更糟糕的是，他们坚称自己从来没有说过那些话，尽管我已经录了音，而且做了记录。同样，在社交场合中，人们会为自己说得太多而道歉，或者恨你知道了他们本不想说的事情并在日后疏远你或对你很冷淡。很多心理治疗师都告诉过我，当病人在疗程中透露了一些非常敏感的信息时，他们通常会取消接下来的几次预约，或者干脆不再来了。泽布说："他们感觉受到了影响，所以你可能很多年都听不到他们的消息了。"

鉴于这种脆弱的心理，保守别人的秘密就变得尤为重要。八卦（通过谈论别人看到的行为来试着理解该行为）和背叛别人的信任、泄露别人私下告诉你的事情是有天壤之别的。根据通信隐私管理理论，私人信息在某种程度上可以和"钱"做类比。[11] 如果你透露了别人的私密信息，这就好像你在未经他们同意的情况下花了他们的钱。你可以任意泄露你自己的信息，就好像你可以任意花自己的钱一样。但当你开始从别人的账户里提款时，他们就会不高兴。即使你认为这些信息已经广为人知，不会令人尴尬，也没有敏感性，你的做法依然会令对方感到不快。除非得到明确的许可，否则你仍然不能泄露这些信息。你最好做一个可靠的密友，否则人们在告诉你任何重要的事情之前都会三思，或者他们可能会不再理你。

由于这些潜在的危险和陷阱，倾听似乎是一件费力不讨好的事情。对某些人来说，有时的确如此。但更多时候，倾听可以带来很多益处。听一听别人是如何解决困难的，可以帮助你了解如何处理自己的问题。你可以采用别人的应对策略，或者当你发现别人的方法行不通时，你也可以采取相反的做法。倾听让你知道我们都在处理相似的问题——想要被爱，寻找目标，害怕结束。于是，你知道自己并不孤独。通过倾听，你可以了解别人并拥抱别人的世界，这有助于你理清自己的世界。和你生活中的大多数事情不同，倾听这件事情完全在你的掌控之下，你可以决定谁值得你去关注。倾听是你的馈赠，没人能强迫你倾听。

然而，正如你在倾听别人的时候要保持专注一样，当你拒绝倾听的时候，你也应该十分留心。虽然在某些情况下，你有理由不听，或者受实际情况所限而拒绝，但不可否认这仍是一种拒绝行为。当你有意识或无意识地选择关注其他事情时，这就意味着面前这个人不那么有趣，不那么重要，不那么有价值，至少在那一刻是这样。

不听别人说话的做法会让对方很受伤，即使这并不是你的本意。拒绝倾听是一种残忍的武器，这就是为什么当一个人在没有任何警告或解释的情况下就切断了与另一个人的所有联系时，会让对方感受到难以置信的痛苦。《人格研究杂志》上发表的一项研究发现，与其他的分手策略相比，"玩消失"（技术上讲就是回避/退出策略）是最伤人的，也最能激起对方的愤怒和怨恨，而那些得到解释和表达机会的人没有那么愤怒和委屈。[12]

人们之所以选择逃避，最常见的原因之一是为了躲避批评。但请记住，有时最不中听的话可能对我们最有益处。指责的话语也许会刺痛我们，但如果我们放下自我，真正地倾听并加以反思，那么即使对方说话不得体，我们也有可能意识到自己的表现有多么糟糕。或者，如果你觉得对方的批评有失公允，你可以借此机会澄清，并解释自己的真实意图。同样，好的倾听者能接触到各种各样的思想和观点，所以当他们受到批评时，他们会有更强的韧性。他们知道一个人的话不一定是确定无疑或完全准确的。

　　一个很好的练习就是想想你生活中那些你不愿倾听的人，然后问问自己为什么。他们是不是总爱挑毛病？他们会一遍又一遍地讲同样的事情吗？他们夸大其词吗？太啰唆吗？只会自吹自擂？没有弄清事实？他们是不是很消极？娇滴滴？肤浅？无礼？他们会挑战你的思维吗？与你意见不一致？他们让你感到嫉妒吗？会引用你不知道的典故或词语吗？他们的声音很烦人吗？这些人是不是对你的社交或工作没有帮助？你害怕和他们建立亲密的关系吗？你一定有你自己的理由，请了解这些理由是什么，以及它们对你的影响是否大于对他人的影响。另外，当你真正地倾听时，你对他人的看法往往会随之改变。在你决定放弃之前，请先尝试着用心倾听，这份努力通常是有回报的。

结束语

当你沿着得克萨斯州圣胡安边境小镇2号州际公路前行,绕过保释金的广告牌,看到绘有耶稣和圣胡安圣母画像的闪闪发光的马赛克装饰板,以及旁边的Whataburger快餐店时,你已经来到了圣胡安德尔瓦圣母教堂。另一个标志性的景象是,成千上万的人涌向教堂。他们来点蜡烛、送祭品,但最长的队伍通往忏悔室,蜿蜒成S形,就像机场的安检队伍一样。神父在6个忏悔室轮流接待忏悔的人,每3个小时一轮替,每天最多倾听12个小时的忏悔。通常情况下,他们都会延长自己的工作时间,而不愿拒绝任何人。

豪尔赫·戈麦斯神父是教堂里的一位年轻的圆脸神父。他告诉我,每周忏悔的队伍似乎都在变长,即使是在教会性侵丑闻曝光期间也是如此。戈麦斯神父不太清楚为什么忏悔的人数激增,他不认为这是因为我们生活在一个罪恶的社会,或者人们对他们所做的事情有了更深的内疚感。事实上,许多来这儿的人并不谈论罪恶,有些人甚至不是天主教徒。"人们来到这里,就像去野战医院一样,"戈麦斯神父说,"他们太需要被人倾听了,这就像是一个伤口,他们都处于危急状态。"

我们一边说着,一边绕着教堂漫步。戈麦斯神父的黑袍随着他的脚步飘动翻飞,他来自墨西哥乡下,是家里 12 个孩子中年龄最大的一个。他总是隐约感觉到这座教堂将是他的终极之所。每个周末,这里都会吸引 2 万多名来访者。广阔的运动场地、神圣的教堂建筑及其附带的庭院,都使它成为来访人数最多的美国天主教圣地之一。人们从北美洲、拉丁美洲、亚洲、非洲、欧洲和加勒比地区来到这里。但他们与那些前往华盛顿特区圣母无玷始胎圣殿或纽约圣帕特里克大教堂的游客不同,这些人来到圣胡安德尔瓦圣母教堂是为了祈祷。更重要的是,他们是来被人倾听的。

在我到访的那天,排队等候倾诉的人跨越各个年龄、种族和国籍。多语神父听到了 4 种语言的忏悔。排队的人中有些看上去好像是在附近的柑橘园工作,另一些人则有一种欧洲潮人的感觉,他们穿着修身套装和昂贵的意大利鞋,鞋上系着金扣。在等候的过程中,大多数人都盯着自己的手机。

"我开始感觉到,我们的世界正在经历一场倾听危机,"戈麦斯神父说,"很多人想要说话,但很少有人愿意倾听,这是我们所看到的人们正在遭受的痛苦。我只是在听别人说话,最后他们会说跟我聊天很愉快，但我并没有说话。我认为这只是一种倾听行为，他们渴望有人听他们说话。"

戈麦斯神父告诉我，天主教神学院几乎没有关于如何聆听忏悔的培训。对他来说，最好的准备工作就是自己定期去做忏悔。他说："我需要带着一颗谦卑的心，坐在另一位神父面前，忏悔自己的罪过，这样我就可以作为忏悔者感受到温情。"

这种同理心对任何倾听者来说都很重要。如果你自己都不知道脆弱的感觉，你就很难对他人的脆弱保持敏感和尊重。那些在谈话中囿于肤浅或总是开玩笑的人不会知道如何给予，因此也就很难知道如何接受。

如果你和别人分享了私人信息，但得到的只是一个欠考虑的或不在意的回复，那么你就会知道那种灵魂想要爬回藏身之处的感觉。无论一个人是在承认一项罪行，提出一个想法，分享一个梦想，表现出一种焦虑，还是在回忆一起重大的事件，这个人都是在交出他（或她）自身的一部分。如果你没有用心对待，对方就会重新调整今后和你说话的内容，因为他（或她）知道"我不能和这个人交心"。

当你与某人交往时，你的行为会产生两种效果：（1）帮助或阻碍你对于对方的理解；（2）加强或削弱你与对方的关系。倾听是你最好的选择。正如本书所讨论的，只要有足够的意识和耐心，你就有可能提高自己的倾听技巧，并很好地加以运用。但有时你会失去专注力或耐心，或者两者兼失，就连戈麦斯神父也说自己有时会走神。倾听过程就像是在进行一项运动或演奏一种乐器，你可以通过练习和努力不断精进，但你永远无法达到至善至美。有些人可能天赋好一些，而有些人可能需要更加努力，但每个人都可以从倾听练习中受益。

在圣胡安德尔瓦圣母教堂，排队等候的人群表达了人类最基本、最迫切的需求——被倾听。当一件极其愉快或可怕的事情发生在你身上时，你的第一反应是什么？很有可能是去找人诉说。如果周围没有其他人，我们会向陌生人、宠物甚至盆栽植物倾诉我们的烦恼和成功的喜悦。倾听是这种倾诉冲动的另一面，而且不亚于倾诉的重要性。我们渴望传播，也渴望接收。当我们因为太忙而不去倾听时，当我们低头看手机时，当我们过早地发表自己的观点时，当我们做出假设时，我们就是在阻止别人真实地表达自己的思想和情感。这会使我们最终变得空虚，或者比原来更加无所适从。

倾听能够提升你的认知能力。当你更能对他人的思想和情感产生共鸣时，你在世界上就更加鲜活，世界对你而言也更加生动。否则，生活可能会变成一种无声的存在，你也会一天天地被根深蒂固的信仰和固定的观念束缚。即使这个世界和世界上的人在不断地变化，也没有什么东西会超越你已经知道或接受的边界。这让人感觉很安全，却令人窒息。

瑞士心理学家让·皮亚杰谈到过学龄前儿童的"集体独白"：几个人聚在一起时，他们会叽叽咕咕地自说自话，而不是相互交谈。[1] 如今，所谓的交流和典型的沙盒会谈显然有着相似之处。如果我们排除政治、经济、社会和心理方面的影响，那么两者之间的对比就十分有趣了。皮亚杰对"集体对话"的定义是相互倾听与回应。参与集体对话的做法是一种成熟的表现，它体现了参与者处理人际关系的能力。

亨利·戴维·梭罗写道："当有人询问我的想法并关注我的回答时，我觉得自己受到了极大的恭维。"[2] 当有人听你说话时，你会觉得很荣幸，这就是为什么我们会喜欢接近那些真正听我们说话的人，但这样的人越来越少了。倾听是一种礼貌，更是一种尊重。你不能仅凭一套说辞就让对方相信你尊重他。你必须证明这一点，而倾听是最简单的证明方法。

然而倾听并不是一件容易的事情。我们出色的大脑运转得比对方的语速快，这就让我们很容易分心。人们总是高估自己已经知道的东西，并深陷傲慢之中，却对自己的误解没有丝毫察觉。我们还担心，如果我们过于投入地倾听，就可能会发现自己的思想存在缺陷，或者其他人的情绪可能会令自己难以承受。因此，我们会缩到自己的思想里，争着说话，或者摆弄手机。

科技干扰了我们的倾听能力，更让倾听显得没有必要。电子设备让我们很难走进一段亲密的关系。在使用这些设备时，我们误以为自己是在社交，其实可能正处在深深的孤独中。为了避免别人的麻烦和不完美，我们往往退回相对安全的电子世界中，随意地滑动和删除信息。其结果是，我们会失去社交生活中的丰富性和精微之处，这使我们感到越来越不满意。

如果不能好好倾听，就会降低谈话的水平。我们有时通过声音向用心倾听的对方传达想法，有时只会在脑海中默想或打出140个字。在这两种情况下，我们对自己的语言有着不同的感受和评价。倾听者可以对说话者产生一种反作用。因此，用心地倾听会提升谈话的质量，因为说话者会变得更有责任感，更清楚自己在说什么。

虽然倾听是优雅的象征，但你不需要倾听每一个人，因为这是不可能的。尽可能多地倾听不同人的声音，并尽可能地保持好奇心，会让你从中受益。然而，你最终要决定何时何地划定界限。做一个好的倾听者并不意味着你必须欣然地或无限地容忍傻瓜。倾听可以帮助你更容易地识别傻瓜，并对他们的愚蠢采取明智的做法。也许最重要的是，倾听能让你避免成为傻瓜。

人们通常认为，倾听者比说话者的气势要弱。但倾听实际上是更有力度的沟通行为。你在倾听中学习，这是你发现真理和察觉欺骗的方式。虽然倾听就是要让别人说话，但这并不意味着你得永远保持沉默。事实上，一个人如何给出回应，是衡量一个好的倾听者的标准，也可以说是衡量一个好人的标准。

在我们身处的快节奏、狂热的文化中，倾听被视为一种拖累。谈话进展缓慢，可能需要我们重新审视。倾听不是一蹴而就的事情，理解和亲密感也必须靠努力才能获得。人们常说"我现在没空说话"，但他们真正的意思是"我现在没空倾听"。对许多人来说，他们似乎永远也抽不出时间。只有放慢脚步，花时间去倾听，我们才能获得生活中最渴望的东西——理解和被理解。

致　谢

在新闻工作中，题材的好坏取决于信息来源，因此我要对那些为本书慷慨付出时间并提供见解的人深表感谢。他们本可以不接我的电话，不回复我的邮件，也不用亲自和我见面，但他们做了这些。我很感激他们愿意与我交流，这份谢意无以言表。

该感谢的人太多了，无法一一列举。事实上，他们中的许多人也不希望自己被提及。然而，每一次谈话都会给我带来启发，并且会影响我的写作。此外，当我重放采访录音，读着自己的笔记，回想起采访对象的声音时，即使是在我最孤独的日子里，我也总会产生一种有人相伴的美好感觉。从很多方面讲，本书都是我获得的礼物。

我要感谢我所引述的研究者。感谢那些在发展、行为、社会和神经科学领域的研究人员，感谢他们慷慨地将研究报告全义发送给我，并耐心地回答我的问题。我还要感谢那些允许自己的论文被公开获取的研究人员。

同样，我也要感谢谷登堡计划和互联网档案馆在我查找罕见书籍或文本时发挥的巨大作用。作为非营利性质的志愿者支持计划，这两个项目使研究人员、学生和怀有好奇心的普通人可以免费获得数以百万计的数字化书籍和文本。另外，我还要感谢当地的休斯敦公共图书馆、莱斯大学图书馆以及得克萨斯大学奥斯汀分校的佩里-卡斯塔涅达图书馆，这些图书馆为我提供了丰富的藏书和安静的空间。

特别感谢我的经纪人布里奇特·马齐斯，感谢她为我完美把握了时机。我还要感谢 Aevitas 创意管理团队的其他成员为我打造的形象，尤其是埃斯蒙德·哈姆斯沃思的慧眼和睿智的建议，以及切尔西·赫勒的国际经验和组织技能。非常感谢美国出版商 Celadon Books 为我出版本书，也非常感谢我的编辑瑞安·多尔蒂用他的故事鼓励和安慰了我。"你想听故事吗？"嗯，是的。

当然，我之所以出版本书，得益于我有幸在几家知名报刊工作的经历，尤其是我多年来为《纽约时报》撰稿的经历。我要感谢曾经和现在给予我帮助的编辑，包括特里沙·霍尔、斯科特·维尔、霍诺尔·琼斯、迈克尔·梅森、帕特里克·法雷尔、罗伯塔·泽夫、吉姆·克斯特和亚历山德拉·雅各布斯。他们让我按照自己的想法完成访谈任务，给了我无数次倾听的机会。

注 释

引 言

1. "Meeting President and Mrs. Coolidge," America's Story from America's Library, Library of Congress, http://www.americaslibrary.gov/aa/keller/aa_keller_coolidge_1.html.
2. Crossley Hastings Crossley and Crossley Hastings, *The Golden Sayings of Epictetus, with the Hymns of Cleanthes* (Urbana, IL: Project Gutenberg, 2006), 256, http://www.gutenberg.org/ebooks/871.

第 1 章

1. Kate Murphy, "Oliver Sacks," *New York Times,* July 16, 2011, https://www.nytimes.com/2011/07/17/opinion/sunday/17download.html.
2. Oliver Sacks, "Face-Blind," *New Yorker,* August 30, 2010, http://www.newyorker.com/magazine/2010/08/30/face-blind.
3. Juliane Holt-Lunstad, Timothy B. Smith, and J. Bradley Laytong, "Social Relationships and Mortality Risk: A Meta-Analytic Review," *PLOS Medicine* 7, no. 7 (2010), https://doi.org/10.1371/journal.pmed.1000316; Julianne Holt-Lunstad, Timothy B. Smith, Mark Baker, Tyler Harris, and David Stephenson, "Loneliness and Social Isolation

as Risk Factors for Mortality: A Meta-Analytic Review," *Perspectives on Psychological Science* 10, no. 2 (2015): 227–237, https://doi.org/10.1177/1745691614568352; Amy Novotney, "Social Isolation: It Could Kill You," *Monitor on Psychology*, 50, no. 5, (May 2019), https://www.apa.org/monitor/2019/05/ce-corner-isolation.

4. "i am lonely will anyone speak to me," Lounge, July 14, 2004, https://www.loungeforums.com/on-topic/i-am-lonely-will-anyone-speak-to-me-2420/; Oliver Burkeman, "Anybody There?," *Guardian*, August 29, 2005, https://www.theguardian.com/technology/2005/aug/30/g2.onlinesupplement; Robert Andrews, "Misery Loves (Cyber) Company," *Wired*, June, 30, 2005, https://www.wired.com/2005/06/misery-loves-cyber-company; Tori Tefler, " 'I Am Lonely, Will Anyone Speak to Me': Inside the Saddest Thread on the Internet, Ten Years Later," *Salon*, November 20, 2014, https://www.salon.com/2014/11/19/i_am_lonely_will_anyone_speak_to_me_inside_the_saddest_thread_on_the_internet_ten_years_later/.

5. "New Cigna Study Reveals Loneliness at Epidemic Levels in America," Newsroom, Cigna Corporation, May 1, 2018, https://www.cigna.com/newsroom/news-releases/2018/new-cigna-study-reveals-loneliness-at-epidemic-levels-in-america.

6. Vivek Murthy, "The Loneliness Epidemic," *Harvard Business Review*, October 12, 2017, https://hbr.org/cover-story/2017/09/work-and-the-loneliness-epidemic.

7. "Vital Signs: Trends in State Suicide Rates—United States, 1999–2016 and Circumstances Contributing to Suicide—27 States, 2015," Centers for Disease Control and Prevention, June 8, 2018, https://www.cdc.gov/mmwr/volumes/67/wr/mm6722a1.htm?s_cid=mm6722a1_w; Sabrina

Tavernise, " U.S. Suicide Rate Surges to a 30-Year High," *New York Times*, April 22, 2016, https://www.nytimes.com/2016/04/22/health/us-suicide-rate-surges-to-a-30-year-high.html.

8. "Life Expectancy," Centers for Disease Control and Prevention, July 26, 2018, https://www.cdc.gov/nchs/data/nvsr/nvsr67/nvsr67_05.pdf; Anne Case and Angus Deaton, "Mortality and Morbidity in the 21st Century," Brookings Papers on Economic Activity, https://www.brookings.edu/wp-content/uploads/2017/08/casetextsp17bpea.pdf.

9. Ariel Stravynski and Richard Boyer, "Loneliness in Relation to Suicide Ideation and Parasuicide: A Population-Wide Study," *Suicide and Life-Threatening Behavior* 31, no. 1 (2001): 32–40 ; Rachel Wurzman, "How isolation fuels opioid addiction," TEDxMidAtlantic, October 29, 2018, https://www.ted.com/talks/rachel_wurzman_how_isolation_fuels_opioid_addiction /transcript?language=en; Andrew Solomon, "Suicide, a Crime of Loneliness," *New Yorker,* August 14, 2014, https://www.newyorker.com/culture/cultural-comment/suicide-crime-loneliness.

10. "Suicide: Key Facts," World Health Organization, August 24, 2018, https://www.who.int/news-room/fact-sheets/detail/suicide; "Prevention of Suicidal Behaviours: A Task for All," World Health Organization, https://www.who.int/mental_health/prevention/suicide/background/en/.

11. "Jo Cox Commission on Loneliness," Age UK, https://www.ageuk.org.uk/globalassets/age-uk/documents/reports-and-publications/reports-and-briefings/active-communities/rb_dec17_jocox_commission_finalreport.pdf.

12. Ceylan Yeginsu, "U.K. Appoints a Minster for Loneliness," *New York*

Times, January 17, 2018, https://www.nytimes.com /2018/01/17/world/europe/uk-britain-loneliness.html.
13. Family Romance, http://family-romance.com/; Roc Morin, "How to Hire Fake Friends and Family," *Atlantic,* November 7, 2017, https://www.theatlantic.com/family/archive/2017/11/paying-for-fake-friends-and-family/545060/; Elif Batuman, "Japan's Rent-a-Family Industry," *New Yorker,* April 30, 2018, https://www.newyorker.com/magazine/2018/04/30/japans-rent-a-family-industry.
14. "New Cigna Study Reveals Loneliness at Epidemic Levels in America," Newsroom, Cigna Corporation, May 1, 2018, https://www.cigna.com/newsroom/news-releases/2018/new-cigna-study-reveals-loneliness-at-epidemic-levels-in-america; 2018 CIGNA U.S. Loneliness Index, https://www.multivu.com/players/English/8294451-cigna-us-loneliness-sur-vey/docs/IndexReport_1524069371598-173525450.pdf.
15. Gregory Plemmons, Matthew Hall, Stephanie Doupnik, James Gay, Charlotte Brown, Whitney Browning, Robert Casey et al. "Hospitalization for Suicide Ideation or Attempt: 2008–2015," *Pediatrics* 141, no. 6 (2018): e20172426, https://doi.org/10.1542/peds.2017-2426.
16. Jean M. Twenge, "Have Smartphones Destroyed a Generation?," *Atlantic,* September 2017, https://www.theatlantic.com/magazine/archive/2017/09/has-the-smartphone-destroyed-a-generation/534198/; Jean Twenge and Heejung Park, "The Decline in Adult Activities Among US Adolescents, 1976–2016," *Child Development* 90, no. 2 (2019): 638–654, https://doi.org/10.1111/cdev.12930 ; Jess Williams, "Are My Generation Really as Boring as Everyone

Says?," *New Statesman America,* September 19, 2014, https://www.newstatesman.com/comment/2014/09/kids-are-alright-0; Stephanie Hanes, "Becoming an Adult: Why More Adolescents Now Say 'Don't Rush Me,' " *Christian Science Monitor,* January 14, 2019, https://www.csmonitor.com/USA/Society/2019/0114/Becoming-an-adult-Why-more-adolescents-now-say-Don-t-rush-me; Tara Bahrampour, "Why Are Today's Teens Putting Off Sex, Driving, Dating and Drinking?," *Chicago Tribune,* September 19, 2017, https://www.chicagotribune.com/lifestyles/parenting/ct-teens-not-drinking-20170919-story.html.

17. Niko Männikkö, Heidi Ruotsalainen, Jouko Miettunen, Halley M. Pontes, and Maria Kääriäinen, "Problematic Gaming Behaviour and Health-Related Outcomes: A Systematic Review and Meta-Analysis," *Journal of Health Psychology,* December 1, 2017, https://doi.org/10.1177/1359105317740414.

18. "Sorkinisms—A Supercut," YouTube video, 7:21, posted by Kevin T. Porter, June 25, 2012, https://www.youtube.com/watch?v=S78RzZr3IwI.

19. "The Ten-Year Lunch: The Wit and Legend of the Algonquin Round Table," Vimeo video, 55:48, directed by Aviva Slesin, written by Peter Foges and Mary Jo Kaplan, aired September 28, 1987, on PBS, https://vimeo.com/100320182.

20. Carol Kort, *A to Z of American Women Writers* (New York: Facts on File, 2007), 245.

21. Richard Meryman, *Mank: The Wit, World, and Life of Herman Mankiewicz* (New York: Morrow, 1978), 97.

22. Aubrey Malone, *Writing Under the Influence: Alcohol and the Works*

of 13 American Authors (Jefferson, NC: McFarland, 2017), 46–47.
23. "Female MPs Shunning PMQs, Says John Bercow," BBC, April 17, 2014, https://www.bbc.com/news/uk-politics-27062577.
24. Dan Cassino, "How Today's Political Polling Works," *Harvard Business Review,* August 1, 2016, https://hbr.org/2016/08/how-todays-political-polling-works.
25. Nicholas Confessore, Gabriel J. X. Dance, Richard Harris, and Mark Hansen, "The Follower Factory," *New York Times,* January 27, 2018, https://www.nytimes.com/interactive/2018/01/27/technology/social-media-bots.html; "A 'Dirty and Open Secret': Can Social Media Curb Fake Followers?," *Knowledge@ Wharton* podcast, Wharton School of the University of Pennsylvania, February 2, 2018, http://knowledge.wharton.upenn.edu/article/twitter-and-the-bots/.
26. Janet Burns, "How Many Social Media Users Are Real People?," *Gizmodo,* June 4, 2018, https://gizmodo.com/how-many-social-media-users-are-real-people-1826447042; Onur Varol, Emilio Ferrara, Clayton A. Davis, Filippo Menczer, and Alessandro Flammini, "Online Human-Bot Interactions: Detection, Estimation, and Characterization," *International AAAI Conference on Web and Social Media (ICWSM)*, March 27, 2017, https://arxiv.org/abs /1703.03107; Chengcheng Shao, Pik-Mai Hui, Lei Wang, Xinwen Jiang, Alessandro Flammini, Filippo Menczer, and Giovanni Luca Ciampaglia, "Anatomy of an Online Misinformation Network," *PLOS One* 13, no. 4 (2018): e0196087, https://doi.org/10.1371/journal.pone.0196087.
27. Alessandro Bessi and Emilio Ferrara, "Social Bots Distort the 2016 U.S. Presidential Election Online Discussion," *First Monday* 21, no. 11 (2016), http://dx.doi.org/10.5210 /fm.v21i11.7090.

28. Shea Bennet, "67% of Taylor Swift's Twitter Followers are Bots, Says Study: An Audit of the Most Popular Musical Artists on Twitter Suggests They're Mostly Followed by Non-Human Profiles," *Adweek,* February 4, 2015, https://www.adweek.com/digital/twitter-bots-problem/; "The World's Biggest Music Stars: Who's Faking It on Twitter?," *Music Business Worldwide,* January 31, 2015, https://www.musicbusinessworldwide.com/katy-perry-justin-bieber-and-lady-gaga-whos-faking-it-on-twitter/.

29. Trevor van Mierlo, "The 1% Rule in Four Digital Health Social Networks: An Observational Study," *Journal of Medical Internet Research* 16, no. 2 (2014), https://doi.org/10.2196/jmir.2966 ; Bradley Carron-Arthura, John A. Cunningham, and Kathleen M. Griffith, "Describing the Distribution of Engagement in an Internet Support Group by Post Frequency: A Comparison of the 90-9-1 Principle and Zipf's Law," *Internet Interventions* 1, no. 4 (2014): 165–168, https://doi.org/10.1016/j.invent.2014.09.003; Ling Jiang, Kristijan Mirkovski, Jeffrey D. Wall, Christian Wagner, and Paul Benjamin Lowry, "Proposing the Core Contributor Withdrawal Theory (CCWT) to Understand Core Contributor Withdrawal from Online Peer-Production Communities," *Internet Research* 28, no. 4 (2018): 988–1028, https://doi.org/10.1108/IntR-05-2017-0215.

30. Bora Zivkovic, "Commenting Threads: Good, Bad, or Not At All," *A Blog Around the Clock* (blog), *Scientific American,* January 28, 2013, https://blogs.scientificamerican.com/a-blog-around-the-clock/commenting-threads-good-bad-or-not-at-all/; Nate Cohn and Kevin Quealy, "The Democratic Electorate on Twitter Is Not the Actual Democratic Electorate," *New York Times,* April 9, 2019, https://www.

nytimes.com/interactive/2019/04/08/upshot/democratic-electorate-twitter-real-life.html.
31. Tom Toro, "Behold, as I Guide Our Conversation to My Narrow Area of Expertise, " *New Yorker,* March 2, 2017, https://www.newyorker.com/cartoon /a20667.

第 2 章

1. Mark Zuckerberg's Facebook page, posted January 3, 2017, https://www.facebook.com/zuck/posts /10103385178272401.
2. Reid J. Epstein and Deepa Seetharaman, "Mark Zuckerberg Hits the Road to Meet Regular Folks—With a Few Conditions," *Wall Street Journal,* July 12, 2017, https://www.wsj.com/articles/mark-zuckerberg-hits-the-road-to-meet-regular-folkswith-a-few-conditions-1499873098.
3. Lynn Cooper and Trey Buchanan, "Taking Aim at Good Targets: Inter-Rater Agreement of Listening Competency," *International Journal of Listening* 17, no. 1 (2003): 88–114, https://doi.org/10.1108/IntR-05-2017-0215.
4. Pascal Belin, Shirley Fecteau, and Catherine Bedard, "Thinking the Voice: Neural Correlates of Voice Perception," *Trends in Cognitive Sciences* 8, no. 3 (2004): 129–135, https://doi.org/10.1016/j.tics.2004.01.008; May Gratier and Gisèle Apter-Danon, "The Improvised Musicality of Belonging: Repetition and Variation in Mother-Infant Vocal Interaction," in *Communicative Musicality: Exploring the Basis of Human Companionship,* ed. Stephen Malloch and Colwyn Trevarthen (New York: Oxford University Press, 2009),

301–327; Ana Fló, Perrine Brusini, Francesco Macagno, Marina Nespor, Jacques Mehler, and Alissa L. Ferry, "Newborns Are Sensitive to Multiple Cues for Word Segmentation in Continuous Speech," *Developmental Science* (2019): e12802, https://doi.org/10.1111/desc.12802.

5. Viola Marx and Emese Nagy, "Fetal Behavioural Responses to Maternal Voice and Touch," *PLOS One* 10, no. 6 (2015):e0129118, https://doi.org/10.1371/journal.pone.0129118; "Fetal Development: The 2nd Trimester," Mayo Clinic, https://www.mayoclinic.org/healthy-life-style/pregnancy-week-by-week/in-depth/fetal-development/art-20046151.

6. Eino Partanen, Teija Kujala, Risto Näätänen, Auli Liitola, Anke Sambeth, and Minna Huotilainen, "Learning-Induced Neural Plasticity of Speech Processing Before Birth," *PNAS* 110, no. 7 (2013), https://doi.org/10.1073/pnas.1302159110.

7. James Hallenbeck, *Palliative Care Perspectives* (New York: Oxford University Press, 2003), 220.

8. Anouk P. Netten, Carolien Rieffe, Stephanie C. P. M. Theunissen, Wim Soede, Evelien Dirks, Jeroen J. Briaire, and Johan H. M. Frijns, "Low Empathy in Deaf and Hard of Hearing (Pre) Adolescents Compared to Normal Hearing Controls," *PLOS One* 10, no. 4 (2015): e0124102, https://doi.org/10.1371/journal.pone.0124102.

9. Diane Ackerman, *A Natural History of the Senses* (New York: Vintage Books, 1991), 191.

10. A. Zadbood, J. Chen, Y. C. Leong, K. A. Norman, and U. Hasson, "How We Transmit Memories to Other Brains: Constructing Shared Neural Representations Via Communication," *Cerebral Cortex* 27, no. 10

(2017): 4988–5000, https://doi.org/10.1093/cercor/bhx202.
11. Carolyn Parkinson, Adam M. Kleinbaum, and Thalia Wheatley, "Similar Neural Responses Predict Friendship," *Nature Communications* 9, no. 332 (2018), https://doi.org/10.1038/s41467-017-02722-7.
12. Michael Lewis, *The Undoing Project* (New York: W. W. Norton, 2017).
13. Ibid., 238.
14. Ibid., 182.
15. Inge Bretheron, "The Origins of Attachment Theory: John Bowlby and Mary Ainsworth," *Developmental Psychology 28,* no. 5 (1992): 759–775, http://dx.doi.org/10.1037/0012-1649.28.5.759; Mary D. Salter Ainsworth, Mary C. Blehar, Everett Waters, and Sally N. Wall, *Patterns of Attachment: A Psychological Study of the Strange Situation* (New York: Psychology Press, 2015); John Bowlby, *A Secure Base: Parent-Child Attachment and Healthy Human Development* (New York: Basic Books, 1988); Kent Hoffman, Glen Cooper, Bert Powell, and Christine M. Benton,*Raising a Secure Child: How Circle of Security Parenting Can Help You Nurture Your Child's Attachment, Emotional Resilience, and Freedom to Explore* (New York: Guilford Press, 2017); Howard Steele and Miriam Steele, *Hand-book of Attachment-Based Interventions* (New York: Guilford Press, 2017); Jude Cassidy, *Handbook of Attachment: Theory, Research, and Clinical Applications, 3rd ed.* (New York: Guilford Press, 2018); Amir Levine and Rachel Heller, *Attached: The New Science of Adult Attachment and How It Can Help You Find—And Keep—Love* (New York: Tarcher Perigee, 2011).

16. Teresa Lind, Kristin Bernard, Emily Ross, and Mary Dozier, "Intervention Effects on Negative Affect of CPS-Referred Children: Results of a Randomized Clinical Trial," *Child Abuse & Neglect* 38, no. 9 (2014): 1459–1467, https://doi.org/10.1016/j.chiabu.2014.04.004; Anne P. Murphy, Howard Steele, Jordan Bate, Adella Nikitiades, Brooke Allman, Karen A. Bonuck, Paul Meissner, and Miriam Steele, "Group Attachment-Based Intervention: Trauma-Informed Care for Families with Adverse Childhood Experiences," *Family and Community Health* 38, no. 3 (2015): 268–279, https://doi.org/10.1097/FCH.0000000000000074; Kristin Bernard, Mary Dozier, Johanna Bick, Erin Lewis-Morrarty, Oliver Lindhiem, and Elizabeth Carlson, "Enhancing Attachment Organization Among Maltreated Children: Results of a Randomized Clinical Trial," *Child Development* 83, no. 2 (2012): 623–636, https://doi.org/10.1111/j.1467-8624.2011.01712.x.

17. Lesley Caldwell and Helen Taylor Robinson, eds., *The Collected Works of D. W. Winnicott,* vol. 6 (New York: Oxford University Press, 2017), 529.

18. Amir Amedi, Gilad Jacobson, Talma Hendler, Rafael Malach, and Ehud Zohary, "Convergence of Visual and Tactile Shape Processing in the Human Lateral Occipital Complex," *Cerebral Cortex* 12, no. 11 (2002): 1202–1212, https://doi.org/10.1093/cercor/12.11.1202; Gary Chapman, *The 5 Love Languages* (Chicago, IL: Northfield Publishing, 1992), 107–118; Lisbeth Lipari, *Listening, Thinking, Being: Toward an Ethics of Attunement* (University Park, PA: Pennsylvania State University Press, 2014), 9.

第3章

1. Charles R. Berger and Michael E. Roloff, eds., *The International Encyclopedia of Interpersonal Communication* (Malden, MA: Wiley Blackwell, 2016), https://onlinelibrary.wiley.com/browse/book/10.1002/9781118540190/title?pageSize=20&startPage=&alphabetRange=l.
2. Mark Knapp and John Daly, eds., *The SAGE Handbook of Interpersonal Communication,* 4th ed. (Thousand Oaks, CA: Sage, 2011), https://us.sagepub.com/en-us/nam/the-sage-handbook-of-interpersonal-communication/book234032.
3. Debra Worthington and Graham Bodie, "Defining Listening: A Historical, Theoretical, and Pragmatic Assessment," in *The Sourcebook of Listening Research: Methodology and Measures,* ed. Debra Worthington and Graham Bodie (New York: Wiley-Blackwell, 2017), 4.
4. Mario Mikulincer, "Adult Attachment Style and Information Processing: Individual Differences in Curiosity and Cognitive Closure," *Journal of Personality and Social Psychology* 72, no. 5 (1997): 1217–1230, http://dx.doi.org/10.1037/0022-3514.72.5.1217.
5. Studs Terkel, *Working: People Talk About What They Do All Day and How They Feel About What They Do* (New York: Ballantine, 1989).
6. *Studs Terkel: Listening to America,* directed by Eric Simonson (New York: HBO Documentary Films, 2009).
7. Studs Terkel, *Talking to Myself: A Memoir of My Times* (New York: Pantheon Books, 1977), 32.
8. Monisha Pasupathi and Jacob Billitteri, "Being and Becoming

Through Being Heard: Listener Effects on Stories and Selves," *International Journal of Listening* 29, no. 2 (2015): 67–84, https://doi.org/10.1080/10904018.2015.1029363; Monisha Pasupathi, Lisa M. Stallworth, and Kyle Murdoch, "How What We Tell Becomes What We Know: Listener Effects on Speakers' Long-Term Memory for Events," *Discourse Processes* 26, no. 1 (1998): 1–25, https://doi.org/10.1080/01638539809545035; Monisha Pasupathi and B. Rich, "Inattentive Listening Undermines Self-Verification in Personal Storytelling," *Journal of Personality* 73, no. 4 (2005), https://doi.org/10.1111/j.1467-6494.2005.00338.x.

9. Dale Carnegie, *How to Win Friends and Influence People, rev. ed.* (New York: Simon & Schuster, 1981), 44.
10. Robert D. McFadden, "Ingvar Kamprad, Founder of IKEA and Creator of a Global Empire, Dies at 91," *New York Times,* January 28, 2018, https://www.nytimes.com/2018/01/28/obituaries/ingvar-kamprad-dies.html.
11. Richard Heller, "The Billionaire Next Door," *Forbes,* August 7, 2000, https://www.forbes.com/global/2000/0807/0315036a.html#c9f65ef4b69d.
12. Todd B. Kashdan, Ryne A. Sherman, Jessica Yarbro, and David C. Funder, "How Are Curious People Viewed and How Do They Behave in Social Situations? From the Perspectives of Self, Friends, Parents, and Unacquainted Observers," *Journal of Personality* 81, no. 2 (2012), https://doi.org/10.1111/j.1467-6494.2012.00796.x.
13. Nicholas Epley and Juliana Schroeder, "Mistakenly Seeking Solitude," *Journal of Experimental Psychology* 143, no. 5 (2014): 1980–1999, http://dx.doi.org/10.1037/a0037323.

14. Colin G. DeYoung, "The Neuromodulator of Exploration: A Unifying Theory of the Role of Dopamine in Personality," *Frontiers in Human Neuroscience* 7, no. 762 (2013), https://doi.org/10.3389/fnhum.2013.00762.
15. Robert L. Grenier, *88 Days to Kandahar: A CIA Diary* (New York: Simon & Schuster, 2015), 175.

第4章

1. Laurie Abraham, *The Husbands and Wives Club: A Year in the Life of a Couples Therapy Group* (New York: Touch-stone, 2013).
2. Kenneth Savitsky, Boaz Keysar, Nicholas Epley, Travis Carter, and Ashley Swanson, "The Closeness-Communication Bias: Increased Egocentrism Among Friends Versus Strangers," *Journal of Experimental Social Psychology* 47, no. 1 (2011): 269–273, https://doi.org/10.1016/j.jesp.2010.09.005.
3. André Maurois, *Memoirs 1885–1967* (London: Bodley Head, 1970), 218.
4. R. I. M. Dunbar, "Neocortex Size as a Constraint on Group Size in Primates," *Journal of Human Evolution* 22, no. 6 (1992): 469–493, https://doi.org/10.1016/0047-2484(92)90081-J.
5. Kate Murphy, "Do Your Friends Actually Like You?," *New York Times*, August 6, 2016, https://www.nytimes.com/2016/08/07/opinion/sunday/do-your-friends-actually-like-you.html.
6. Mario Luis Small, *Someone to Talk To* (New York: Oxford University Press, 2017).

7. Fyodor Dostoyevsky, *Notes from the Underground* (Urbana, IL: Project Gutenberg, 1996), 35, https://www.gutenberg.org/files/600/600-h/600-h.htm.

8. Raymond Nickerson, "Confirmation Bias: A Ubiquitous Phenomenon in Many Guises," *Review of General Psychology* 2, no. 2 (1998): 175–220, https://doi.org/10.1037/1089-2680.2.2.175.

9. María Ruz, Anna Moser, and Kristin Webster, "Social Expectations Bias Decision-Making in Uncertain Inter-Personal Situations," *PLOS One* 6, no. 2 (2011): e15762, https://doi.org/10.1371/journal.pone.0015762; Elisha Y. Babad, "Expectancy Bias in Scoring as a Function of Ability and Ethnic Labels," *Psychological Reports* 46, no. 2 (1980): 625–626, https://doi.org/10.2466/pr0.1980.46.2.625.

10. Perry Hinton, "Implicit Stereotypes and the Predictive Brain: Cognition and Culture in 'Biased' Person Perception," *Palgrave Communications* 3, no. 17086 (2017), https://doi.org/10.1057/palcomms.2017.86.

11. David Hamilton and Tina Trolier, "Stereotypes and Stereotyping: An Overview of the Cognitive Approach," in *Prejudice, Discrimination, and Racism,* ed. J. F. Dovidio and S. L. Gaertner (San Diego: Academic Press, 1986), 127–163.

12. Brian L. Connelly, S. Trevis Certo, and R. Duane Ireland, "Signaling Theory: A Review and Assessment," *Journal of Management* 37, no. 1 (2010): 39–67, https://doi.org/10.1177/0149206310388419; Lee Cronk, "The Application of Animal Signaling Theory to Human Phenomena: Some Thoughts and Clarifications," *Social Science Information* 44, no. 4 (December 1, 2005): 603–620, https://doi.org/10.1177/0539018405058203.

13. Jonah Berger and Chip Heath, "Who Drives Divergence? Identity Signaling, Outgroup Dissimilarity, and the Abandonment of Cultural Tastes," *Journal of Personality and Social Psychology* 95, no. 3 (2008): 593–607, http://dx.doi.org/10.1037/0022-3514.95.3.593; Naomi Ellemers and S. Alexander Haslam, "Social Identity Theory," in *Handbook of Theories of Social Psychology,* vol. 2, ed. Paul Van Lange, Arie Kruglanski, and Tory Higgins (Thousand Oaks, CA: Sage, 2012), 379–398; Henri Tajfel, "Social Identity and Intergroup Behaviour," *Social Science Information* 13, no. 2 (1974): 65–93, https://doi.org/10.1177/053901847401300204.

14. Rob Nelissen and Marijn Meijers, "Social Benefits of Luxury Brands as Costly Signals of Wealth and Status," *Evolution and Human Behavior* 32, no. 5 (2011): 343–355.

15. Allen Downey, "The U.S. Is Retreating from Religion," *Observations* (blog), *Scientific American,* October 20, 2017, https://blogs.scientificamerican.com/observations/the-u-s-is-retreating-from-religion/.

16. Danah Boyd and Nicole Ellison, "Social Network Sites: Definition, History, and Scholarship," *Journal of Computer-Mediated Communication* 13, no. 1 (2007): 210–230, https://doi.org/10.1111/j.1083-6101.2007.00393.x.

17. Cliff Lampe, Nicole Ellison, and Charles Steinfield, "A Familiar Face(book): Profile Elements as Signals in an Online Social Network," *Proceedings of the SIGCHI Conference on Human Factors in Computing Systems,* San Jose, CA (2007): 435–444, https://doi.org/10.1145/1240624.1240695.

18. Nicole Hong, "The New Dating No-No: Asking for a Last Name,"

Wall Street Journal, January 24, 2018, https://www.wsj.com/articles/the-new-dating-no-no-asking-for-a-last-name-1516810482.

第 5 章

1. Graham Bodie, Kaitlin Cannava, and Andrea Vickery, "Supportive Communication and the Adequate Paraphrase," *Communication Research Reports* 33, no. 2 (2016): 166–172, http://dx.doi.org/10.1080/08824096.2016.1154839.
2. Carl Ransom Rogers, *A Way of Being* (New York: Houghton Mifflin, 1980), 8.
3. Fred Shapiro, *The Yale Book of Quotations* (New Haven, CT: Yale University Press, 2006), 537.
4. *Bowling for Columbine,* directed by Michael Moore (Beverly Hills, CA: United Artists 2002).
5. James Fox and Monica DeLateur, "Mass Shootings in America: Moving Beyond Newtown," *Homicide Studies* 18, no. 1 (2014): 125–145, https://doi.org/10.1177/1088767913510297.
6. Alex Yablon, "What Do Most Mass Shooters Have in Common? It's Not Politics, Violent Video Games or Occult Beliefs," *Chicago Tribune,* September 18, 2017, https://www.chicagotribune.com/news/opinion/commentary/ct-perspec-mass-shootings-video-games-politics-0917-story.html.
7. Steve Chawkins, "Dick Bass Dies at 85; Texas Oilman Was First to Scale 'Seven Summits,' " *Los Angeles Times,* July 29, 2015, https://www.latimes.com/local/obituaries/la-me-0730-richard-bass-20150730-

story.html; Roger Horchow and Sally Horchow, *The Art of Friendship* (New York: St. Martin's Press, 2005), 33.

第6章

1. Ralph Nichols and Leonard Stevens, *Are You Listening?* (New York: McGraw Hill, 1957), 82.
2. Ralph Nichols and Leonard Stevens, "Listening to People," *Harvard Business Review,* September 1957, https://hbr.org/1957/09/listening-to-people; Clella Jaffe, *Public Speaking: Concepts and Skills for a Diverse Society* (Boston: Wadsworth Publishing, 2012), 58; Teri Kwal Gamble and Michael W. Gamble, *Interpersonal Communication: Building Connections Together* (Thousand Oaks, CA: Sage, 2014), 106.
3. Frederico Azevedo, Ludmila Carvalho, Lea T. Grinberg, José Marcelo Farfel, Renata Ferretti, Renata Leite, Wilson Jacob Filho, et al., "Equal Numbers of Neuronal and Nonneuronal Cells Make the Human Brain an Isometrically Scaled-Up Primate Brain," *Journal of Comparative Neurology* 513, no. 5 (2009): 532–541, https://doi.org/10.1002/cne.21974.
4. Alexander Penney, Victoria Miedema, and Dwight Mazmanian, "Intelligence and Emotional Disorders: Is the Worrying and Ruminating Mind a More Intelligent Mind?," *Personality and Individual Differences* 74 (2015): 90–93, https://doi.org/10.1016/j.paid.2014.10.005.
5. Adam S. McHugh, "For Introverts, Listening Is an Act of Inward Hospitality," *Introvert, Dear: For Introverts and Highly Sensitive People* (blog), October 13, 2017, https://introvertdear.com/news/listen-

introverts-inner-world/.
6. Nichols and Stevens, "Listening to People."
7. "Listening Legend Interview, Dr. Ralph Nichols," *Listening Post,* summer 2003, https://www.listen.org/Legend-Interview.
8. Nichols and Stevens, "Listening to People."
9. Heinz Kohut, *Self Psychology and the Humanities: Reflections on a New Psychoanalytic Approach,* ed. Charles Strozier (New York: W. W. Norton, 1980).
10. *Annie Hall,* directed by Woody Allen (Hollywood, CA: United Artists, 1977).

第 7 章

1. Jonas T. Kaplan, Sarah I. Gimbel, and Sam Harris, "Neural Correlates of Maintaining One's Political Beliefs in the Face of Counterevidence," *Scientific Reports* 6, no. 39589 (2016), https://doi.org/10.1038/srep39589.
2. "Free Speech Advocate on the State of College Campuses," Steve Inskeep interview with Greg Lukianoff, *Morning Edition,* NPR, May 29, 2017, https://www.npr.org/2017/05/29/530555442/free-speech-advocate-on-the-state-of-college-campuses; Conor Friedersdorf, "Middlebury Reckons with a Protest Gone Wrong," *Atlantic,* March 6, 2017, https://www.theatlantic.com/politics/archive/2017/03/middleburys-liberals-respond-to-an-protest-gone-wrong/518652/.
3. John Villasenor, "Views Among College Students Regarding the First Amendment: Results from a New Survey," *Fixgov* (blog) Brookings

Institution, September 18, 2017, https://www.brookings.edu/blog/fixgov/2017/09/18/views-among-college-students-regarding-the-first-amendment-results-from-a-new-survey/.

4. Richard Felton, "Ted Cruz: Democratic Candidates Are a 'Dangerous Socialist . . . and Bernie Sanders,' " *Guardian,* September 19, 2015, https://www.theguardian.com/us-news/2015/sep/19/ted-cruz-hillary-clinton-mackinac-republican-leadership-conference.

5. Charles Gibson, "Restoring Comity to Congress," Harvard University Shorenstein Center Discussion Paper Series, January 2011, https://shorensteincenter.org/wp-content/uploads/2012/03/d60_gibson.pdf.

6. Olivia Newman, *Liberalism in Practice: The Psychology and Pedagogy of Public Reason* (Cambridge, MA: MIT Press, 2015), 98.

7. Martin Tolchin, "Social Security: Compromise at Long Last," *New York Times,* January 20, 1983, https://www.nytimes.com/1983/01/20/us/social-security-compromise-at-long-last.html.

8. John McCain, "It's Time Congress Returns to Regular Order," *Washington Post,* August 31, 2017, https://www.washingtonpost.com/opinions/john-mccain-its-time-congress-returns-to-regular-order/2017/08/31/f62a3e0c-8cfb-11e7-8df5-c2e5cf46c1e2_story.html.

9. Avery Anapol, "Senator Using 'Talking Stick' Breaks Collins' Glass Elephant During Shutdown Talks," *The Hill,* January 22, 2018, https://thehill.com/homenews/senate/370163-unnamed-senator-throws-talking-stick-breaks-collins-glass-elephant-during.

10. "Conway: Press Secretary Gave 'Alternative Facts,' " *Meet the Press,* NBC video, 3:39, January 22, 2017, https://www.nbcnews.com/meet-the-press/video/conway-press-secretary-gave-alternative-facts-860142147643.

11. "Donald Trump: 'My Primary Consultant Is Myself,'" YouTube video, 3:11, posted by MSNBC, March 16, 2016, https://www.youtube.com/watch?v=W7CBp8lQ6ro.
12. "Partisanship and Political Animosity in 2016," Pew Research Center, June 22, 2016, http://assets.pewresearch.org/wp-content/uploads/sites/5/2016/06/06-22-16-Partisanship-and-animosity-release.pdf.
13. Jeremy Peters, "In a Divided Era, One Thing Seems to Unite: Political Anger," *New York Times,* August 17, 2018, https://www.nytimes.com/2018/08/17/us/politics/political-fights.html.
14. Oshin Vartanian and David R. Mandel, eds., *Neuroscience of Decision Making* (New York: Psychology Press, 2011), 89–93.
15. Joseph LeDoux, *The Emotional Brain: The Mysterious Underpinnings of Emotional Life* (New York: Touch-stone, 1998). Daniel Goleman, *Emotional Intelligence: Why It Can Matter More Than IQ* (New York: Bantam Books, 1995), 13–33.
16. Matthew Scult, Annchen Knodt, Spenser Radtke, Bartholomew Brigidi, and Ahmad R Hariri, "Prefrontal Executive Control Rescues Risk for Anxiety Associated with High Threat and Low Reward Brain Function," *Cerebral Cortex* 29, no. 1 (2017): 70–76, https://doi.org/10.1093/cercor/bhx304.
17. M. Justin Kim, Matthew Scult, Annchen Knodt, Spenser Radtke, Tracy d'Arbeloff, Bartholomew Brigidi, and Ahmad R. Hariri, "A Link Between Childhood Adversity and Trait Anger Reflects Relative Activity of the Amygdala and Dorsolateral Prefrontal Cortex," *Biological Psychiatry: Cognitive Neuroscience and Neuroimaging* 3, no. 7 (2018): 644–649, https://doi.org/10.1016/j.bpsc.2018.03.006.

18. Thomas A. Avino, Nicole Barger, Martha V. Vargas, Erin L. Carlson, David G. Amaral, Melissa D. Bauman, and Cynthia M. Schumann, "Neuron Numbers Increase in the Human Amygdala from Birth to Adulthood, but Not in Autism," *Proceedings of the National Academy of Sciences* 115, no. 14 (2018): 3710–3715, https://doi.org/10.1073/pnas.1801912115.
19. Austin Prickett, "Police: Fight Over Star Wars and Star Trek Led to Assault," KOKH Fox25, July 6, 2017, https://okcfox.com/news/local/police-fight-over-star-wars-and-star-trek-led-to-assault.
20. Carl Rogers, *On Becoming a Person: A Therapist's View of Psychotherapy* (Boston: Houghton Mifflin, 1961), 25.
21. John Keats, *Selected Letters of John Keats*, ed. Grant F. Scott (Cambridge, MA: Harvard University Press, 2002), 60.
22. Jesse G. Delia, Ruth Anne Clark, and David E. Switzer, "Cognitive Complexity and Impression Formation in Informal Social Interaction," *Speech Monographs*, 41, no. 4 (1974): 299–308, https://doi.org/10.1080/03637757409375854; Claudia L. Hale and Jesse G. Delia, "Cognitive Complexity and Social Perspective-taking," *Communication Monographs*, 43, no. 3 (1976): 195–203, https://doi.org/10.1080/03637757609375932; Michael J. Beatty and Steven K. Payne, "Listening Comprehension as a Function of Cognitive Complexity: A Research Note," *Communication Monographs*, 51, no. 1 (1984): 85–89, https://doi.org/10.1080/03637758409390186.
23. B. R. Burleson and J. J. Rack, "Constructivism: Explaining Individual Differences in Communication Skill," in *Engaging Theories in Interpersonal Communication*, ed. L. A. Baxter and D. O. Braithwaite (Thousand Oaks, CA: Sage, 2008), 51–63.

24. Walter Isaacson, *Steve Jobs* (New York: Simon & Schuster, 2011), 317.
25. Kim Scott, *Radical Candor* (New York: St. Martin's Press, 2017), 80.

第8章

1. Robert K. Merton, "The Focused Interview and Focus Groups: Continuities and Discontinuities," *Public Opinion Quarterly* 51 (1987): 550–566, http://citeseerx.ist.psu.edu/viewdoc/download?doi=10.1.1.890.112&rep=rep1&type=pdf.
2. Peter Simonson, "Merton's Sociology of Rhetoric," in *Robert K. Merton: Sociology of Science and Sociology as Science*, ed. Craig Calhoun (New York: Columbia University Press, 2017), 214–252.
3. Liza Featherstone, *Divining Desire: Focus Groups and the Culture of Consultation* (New York: OR Books, 2017), 15–16.
4. Ernest Dichter, *The Strategy of Desire* (New York: Routledge, 2017); Dinitia Smith, "When Flour Power Invaded the Kitchen," *New York Times,* April 14, 2004, https://www.nytimes.com/2004/04/14/dining/when-flour-power-invaded-the-kitchen.html.
5. Will Leitch, "Group Thinker," *New York Magazine,* June 21, 2004, https://nymag.com/nymetro/shopping/features/9299/.
6. Jon Berry, "Marketers Reach Out to Blacks," *Chicago Tribune,* May 12, 1991, https://www.chicagotribune.com/news/ct-xpm-1991-05-12-9102110986-story.html.
7. "Army's First Black Helicopter Pilot Honored at George Washington University," *GW Today,* November 4, 2014, https://gwtoday.gwu.edu /army%E2%80%99s-first-black-helicopter-pilot-honored-george-

washington-university; "Joining a Segregated Army," Joseph Henry Hairston interview, Digital Collections of the National WWII Museum, 2015, https://www.ww2online.org/view/joseph-hairston.

8. "P&G's Billion-Dollar Brands: Trusted, Valued, Recognized," Procter & Gamble, https://www.pg.com/en_US/downloads/media/Fact_Sheets_BB_FA.pdf; John Colapinto, "Famous Names: Does It Matter What a Product Is Called?," *New Yorker,* October 3, 2011, https://www.newyorker.com/magazine/2011/10/03/famous-names.

9. Matthew Salganik, *Bit by Bit: Social Research in the Digital Age* (Princeton, NJ: Princeton University Press, 2017).

10. "Darwin Correspondence Project," University of Cambridge, https://www.darwinproject.ac.uk/people/about-darwin/what-darwin-read/darwin-s-reading-notebooks.

11. Greg Linden, Brent Smith, and Jeremy York, "Amazon.com Recommendations Item-to-Item Collaborative Filtering," *IEEE Internet Computing*, January–February 2003, https://www.cs.umd.edu/~samir/498/Amazon-Recommendations.pdf.

第9章

1. Charles Duhigg, "What Google Learned from Its Quest to Build the Perfect Team," *New York Times,* February 25, 2016, https://www.nytimes.com/2016/02/28/magazine/what-google-learned-from-its-quest-to-build-the-perfect-team.html.

2. "Guide: Understand Team Effectiveness," *re: Work*, https://rework.

withgoogle.com/guides/understanding-team-effectiveness/steps/introduction/.

3. David Deming, "The Growing Importance of Social Skills in the Labor Market," *Quarterly Journal of Economics* 132, no. 4 (2017): 1593–1640, https://doi.org/10.1093/qje/qjx022.

4. Rob Cross, Reb Rebele, and Adam Grant, "Collaborative Overload," *Harvard Business Review,* January–February 2016, 74–79, https://hbr.org/2016/01/collaborative-overload.

5. "Current and Former Clients," Business Improv, http://businessimprov.com/clientspartners/.

6. Nelle Morton, *The Journey Is Home* (Boston, MA: Beacon Press, 1985), 209.

7. T. Bradford Bitterly, Alison Brooks, and Maurice Schweitzer, "Risky Business: When Humor Increases and Decreases Status," *Journal of Personality and Social Psychology* 112, no. 3 (2017): 431–455, https://doi.org/10.1037/pspi0000079.

8. E. De Koning and R. L. Weiss, "The Relational Humor Inventory: Functions of Humor in Close Relationships," *American Journal of Family Therapy* 30, no. 1 (2002): 1–18, https://doi.org/10.1080/019261802753455615.

9. John C. Meyer, *Understanding Humor Through Communication: Why Be Funny, Anyway* (Lanham, MD: Lexington Books, 2015), 81–87.

10. Nathan Miczo, Joshua Averbeck, and Theresa Mariani, "Affiliative and Aggressive Humor, Attachment Dimensions, and Interaction Goals," *Communication Studies* 60, no. 5 (2009): 443–459, https://doi.org/10.1080/10510970903260301; Meyer, *Understanding Humor Through Communication,* 88–89.

第 10 章

1. Katherine Hampsten, "How Miscommunication Happens (and How to Avoid It)," TED-Ed animation, https://ed.ted.com/lessons/how-to-avoid-miscommunication-katherine-hampsten#review.
2. John A. Daly, Anita L. Vangelisti, and Suzanne M. Daughton, "The Nature and Correlates of Conversational Sensitivity," *Human Communication Research* 14, no. 2 (1987): 167–202, https://doi.org/10.1111/j.1468-2958.1987.tb00126.x.
3. Don W. Stacks and Mary Ann Murphy, "Conversational Sensitivity: Further Validation and Extension," *Communication Reports* 6, no. 1 (1993): 18–24, https://doi.org/10.1080/08934219309367557.
4. Herbert Simon, "What Is An Explanation of Behavior?," *Psychological Science* 3, no. 3 (1992): 150–161, https://doi.org/10.1111/j.1467-9280.1992.tb00017.x.
5. Stacks and Murphy, "Conversational Sensitivity."
6. "How Many Words Are There in English?," *Merriam-Webster*, https://www.merriam-webster.com/help/faq-how-many-english-words.
7. Cyril Connolly, *The Unquiet Grave: A Word Cycle by Palinurus* (New York: Persea Books, 2005), 93.
8. Walt Whitman, *The Portable Walt Whitman,* ed. Michael Warner (New York: Penguin Books, 2004), 557.
9. Bert Vaux, Harvard Dialect Survey, 2003, http://dialect.redlog.net /.
10. Sara McClelland, "Intimate Justice: Sexual Satisfaction in Young Adults," (Ph.D. dissertation, City University of New York, 2009), https://doi.org/10.1111/j.1751-9004.2010.00293.x.
11. "The Only Surviving Recording of Virginia Woolf," BBC, March 28,

2016, http://www.bbc.com /culture/story/20160324-the-only-surviving-recording-of-virginia-woolf.

12. Konrad Koerner, "The Sapir-Whorf Hypothesis: A Preliminary History and a Bibliographical Essay," *Anthro Source,* December 1992, https://doi.org/10.1525/jlin.1992.2.2.173.
13. Emanuel Bylund and Panos Athanasopoulos, "The Whorfian Time Warp: Representing Duration Through the Language Hourglass," *Journal of Experimental Psychology* 146, no. 7 (2017): 911–916, https://doi.org/10.1037/xge0000314.
14. Jennifer R. Salibury and Guo-Ming Chen. "An examination of the relationship between conversation sensitivity and listening styles," *Intercultural Communication Studies*, 16, no. 1 (2007): 251–262.; Daly et al., "The Nature and Correlates of Conversational Sensitivity" ; Stacks and Murphy, "Conversational Sensitivity."
15. Daly et al., "The Nature and Correlates of Conversational Sensitivity."
16. Theodor Reik, *Listening with the Third Ear* (New York: Farrar, Straus and Giroux, 1948).
17. "Robert Caro on the Fall of New York, and Glenn Close on Complicated Characters," *New Yorker Radio Hour,* WNYC, May 4, 2018, https://www.newyorker.com/podcast/the-new-yorker-radio-hour/robert-caro-on-the-fall-of-new-york and-glenn-close-on-complicated-characters.
18. Maria Konnikova, *The Confidence Game* (New York: Viking, 2016).
19. Robert D. McFadden, "Mel Weinberg, 93, the F.B.I.'s Lure in the Abscam Sting, Dies," *New York Times,* June 6, 2018, https://www.nytimes.com/2018/06/06/obituaries/mel-weinberg-dead-abscam-informant.html.

20. "ABSCAM," *FBI*, https://www.fbi.gov/history/famous-cases/abscam.
21. Leslie Maitland, "At the Heart of the Abscam Debate," *New York Times Magazine,* July 25, 1982, https://www.nytimes.com/1982/07/25/magazine/at-the-heart-of-the-abscam-debate.html.
22. Sasan Baleghizadeh and Amir Hossein Rahimi, "The Relationship Among Listening Performance, Metacognitive Strategy Use and Motivation from a Self-determination Theory Perspective," *Theory and Practice in Language Studies* 1, no. 1 (2011): 61–67, https://doi.org/10.4304/tpls.1.1.61-67; Jeremy Biesanz and Lauren Human, "The Cost of Forming More Accurate Impressions: Accuracy-Motivated Perceivers See the Personality of Others More Distinctively but Less Normatively Than Perceivers Without an Explicit Goal," *Psychological Science* 21, no. 4 (2009): 589–594, https://doi.org/10.1177/0956797610364121; James Hilton and John Darley, "The Effects of Interaction Goals on Person Perception," ed. Mark P. Zanna, *Advances in Experimental Social Psychology* 24 (1991), 235–268; Daly et al., "The Nature and Correlates of Conversational Sensi-tivity."
23. "Study Suggests Medical Errors Now Third Leading Cause of Death in the U.S.," Johns Hopkins Medicine, May 3, 2016, https://www.hopkinsmedicine.org/news/media/releases/study_suggests_medical_errors_now_third_leading_cause_of_death_in_the_us.
24. Laura Silvestri, "The Heuristic Value of Misunderstanding," *Civilisations*, 65, no. 1 (2016), 107–126, https://www.cairn.info/revue-civilisations-2016-1-page-107.htm; Amy Lee, Rhiannon D. Williams, Marta A. Shaw, and Yiyun Jie, "First-Year Students' Perspectives on Intercultural Learning," *Teaching in Higher Education* 19, no. 5 (2014):

543–554; Lipari, *Listening, Thinking, Being*, 8.
25. Paul Maher Jr. and Michael Dorr, eds., *Miles on Miles: Interviews and Encounters with Miles Davis* (Chicago: Lawrence Hill Books, 2009), 70.

第 11 章

1. Jane Lidstone, Elizabeth Meins, and Charles Fernyhough, "Individual Differences in Children's Private Speech: Consistency Across Tasks, Timepoints, and Contexts," *Cognitive Development* 26, no. 3 (2011): 203–213, https://doi.org/10.1016/j.cogdev.2011.02.002.
2. Alain Morin and Breanne Hamper, "Self-Reflection and the Inner Voice: Activation of the Left Inferior Frontal Gyrus During Perceptual and Conceptual Self-Referential Thinking," *Open Neuroimaging Journal* 6 (2012): 78–89, https://doi.org/10.2174/1874440001206010078.
3. Charles Fernyhough, *The Voices Within* (New York: Basic Books, 2016), 74.
4. Tuija Aro, Anna-Maija Poikkeus, Marja-Leena Laakso, Asko Tolvanen, and Timo Ahonen, "Associations Between Private Speech, Behavioral Self-Regulation, and Cognitive Abilities," *International Journal of Behavioral Development* 39, no. 6 (2014): 508–518, https://doi.org/10.1177/0165025414556094; Ben Alderson-Day and Charles Fernyhough, "Inner Speech: Development, Cognitive Functions, Phenomenology, and Neurobiology," *Psychological Bulletin* 141, no. 5 (2015): 931–965, http://dx.doi.org/10.1037/bul0000021.
5. Douglas Behrend, Karl Rosengren, and Marion Perlmutter, "The

Relation Between Private Speech and Parental Interactive Style," in *Private Speech: From Social Interaction to Self-Regulation,* ed. Rafael Diaz and Laura Berk (Hillsdale, NJ: Lawrence Erlbaum Associates, 1992), 85–100.

6. Laura Berk and Ruth Garvin, "Development of Private Speech Among Low-Income Appalachian Children," *Developmental Psychology* 20, no. 2 (1984): 271–286, http://dx.doi.org/10.1037/0012-1649.20.2.271.

7. Laura Berk, "Development of Private Speech Among Preschool Children," *Early Child Development and Care* 24, no. 1–2 (1986): 113–136, https://doi.org/10.1080/0300443860240107.

8. Xing Tian, Nai Ding, Xiangbin Teng, Fan Bai, and David Poeppel, "Imagined Speech Influences Perceived Loudness of Sound," *Nature Human Behavior* 2, no. 3 (2018): 225–234, https://doi.org/10.1038/s41562-018-0305-8.

9. Marianne Abramson and Stephen D. Goldinger, "What the Reader's Eye Tells the Mind's Ear: Silent Reading Activates Inner Speech," *Perception & Psychophysics* 59, no. 7 (1997): 1059–1068, https://doi.org/10.3758/BF03205520.

10. Jessica Alexander and Lynne Nygaard, "Reading Voices and Hearing Text: Talker-Specific Auditory Imagery in Reading," *Journal of Experimental Psychology: Human Perception and Performance* 34, no. 2 (2008): 446–459, http://dx.doi.org/10.1037/0096-1523.34.2.446.

11. Bo Yao, Pascal Belin, and Christophe Scheepers, "Silent Reading of Direct versus Indirect Speech Activates Voice-selective Areas in the Auditory Cortex," *Journal of Cognitive Neuroscience* 23, no. 10 (October 2011): 3146–3152, https://doi.org/10.1162/jocn_a_00022.

12. Ben Alderson-Day, Marco Bernini, and Charles Fernyhough,

"Uncharted Features and Dynamics of Reading: Voices, Characters, and Crossing of Experiences," *Consciousness and Cognition* 49 (2017): 98–109, https://doi.org/10.1016/j.concog.2017.01.003.

13. Rob Couteau, "The Romance of Places: An Interview with Ray Bradbury," in *Conversations with Ray Bradbury,* ed. Steven L. Aggelis (Jackson: University Press of Mississippi, 2004), 122.

14. Timothy Wilson, David Reinhard, Erin C. Westgate, Daniel T. Gilbert, Nicole Ellerbeck, Cheryl Hahn, and Casey L. Brown, "Just Think: The Challenges of the Disengaged Mind," *Science* 345, no. 6 (2014): 75–77, https://doi.org/10.1126/science.1250830.

15. James Gleik, *Genius: The Life and Science of Richard Feynman* (New York: Pantheon, 1992), 230.

16. Richard Feynman, *The Pleasure of Finding Things Out,* ed. Jeffrey Robbins (Cambridge, MA: Perseus Books, 1999), 110.

第 12 章

1. Dick Leonard, *The Great Rivalry: Gladstone and Disraeli* (London: I. B. Tauris, 2013), 202–203; "Stanley Weintraub: Disraeli: A Biography," *C-SPAN video, 58:56,* February 6, 1994, https://www.c-span.org/video/?54339-1/disraeli-biography.

2. "Angels in the Marble?," *Economist*, September 6, 2001, https://www.economist.com/united-states/2001/09/06/angels-in-the-marble.

3. Charles Derber, *The Pursuit of Attention* (New York: Oxford University Press, 2000).

4. Howard Becker, *Outsiders: Studies in the Sociology of Deviance* (New

York: Free Press, 2018).

5. Adam Gopnik, "The Outside Game," *New Yorker,* January 5, 2015, https://www.newyorker.com/magazine/2015/01/12/outside-game.

6. Leonardo Christov-Moore, Elizabeth Simpson, Gino Coudé, Kristina Grigaityte, Marco Iacobonia, and Pier Ferrari, "Empathy: Gender Effects in Brain and Behavior," *Neuroscience & Biobehavioral Reviews* 46, no. 4 (2014): 604–627, https://doi.org/10.1016/j.neubiorev.2014.09.001.

7. David Geary, "Sexual Selection and Human Vulnerability," in *Evolution of Vulnerability* (San Diego: Academic Press, 2015), 11–39, https://doi.org/10.1016/B978-0-12-801562-9.09996-8; Debra Worthington and Margaret Fitch-Hauser, *Listening: Processes, Functions and Competency* (New York: Routledge, 2016), 32–34; Deborah Tannen, *You Just Don't Understand: Women and Men in Conversation* (New York: Harper Collins, 1990).

8. Tara Chaplin and Amelia Aldao, "Gender Differences in Emotion Expression in Children: A Meta-Analytic Review," *Psychological Bulletin* 139, no. 4 (2013): 735–765, https://doi.org/10.1037/a0030737.

9. Agneta Fischer, *Gender and Emotion: Social Psychological Perspectives* (Cambridge: Cambridge University Press, 2000).

10. Simon Baron-Cohen, Sarah Cassidy, Bonnie Auyeung, Carrie Allison, Maryam Achoukhi, Sarah Robertson, Alexa Pohl, et al., "Attenuation of Typical Sex Differences in 800 Adults with Autism vs. 3 900 Controls," *PLOS One* 9, no. 7 (2014), https://doi.org/10.1371/journal.pone.0102251.

11. Mélanie Aeschlimann, Jean-François Knebel, Micah M. Murray, and Stephanie Clarke, "Emotional Pre-Eminence of Human Vocalizations,"

Brain Topography 20, no. 4 (2008): 239–248, https://doi.org/10.1007/s10548-008-0051-8.

12. Andrew G. Miner, Theresa M. Glomb, and Charles Hulin, "Experience Sampling Mood and Its Correlates at Work," *Journal of Occupational and Organizational Psychology* 78 (2005): 171–193, https://doi.org/10.1348/096317905X40105.
13. Kyle Benson, "The Magic Relationship Ratio, According to Science," Gottman Institute, October 4, 2017, https://www.gottman.com/blog/the-magic-relationship-ratio-according-science/.
14. Kelsey Crowe and Emily McDowell, *There Is No Good Card for This: What To Do and Say When Life is Scary, Awful and Unfair to People You Love* (New York: HarperOne, 2017).
15. "Clearness Committees—What They Are and What They Do," Friends General Conference, https://www.fgcquaker.org/resources/clearness-committees-what-they-are-and-what-they-do.
16. Bethany Rittle-Johnson, Megan Saylor, and Kathryn E. Swygert, "Learning from Explaining: Does It Matter If Mom Is Listening?," *Journal of Experimental Child Psychology* 100, no. 3 (2008): 215–224, https://doi.org/10.1016/j.jecp.2007.10.002.
17. Robert M. Krauss, "The Role of the Listener: Addressee Influences on Message Formulation," *Journal of Language and Social Psychology* 6, no. 2 (1987): 81–98, https://doi.org/10.1177/0261927X8700600201; Kate Loewenthal, "The Development of Codes in Public and Private Language," *Psychonomic Science* 8, no. 10 (1967): 449–450, https://doi.org/10.3758/BF03332285.
18. "About Us, " Great Conversations, https://www.greatconversations.com/about-us/.

19. Arthur Aron, Edward Melinat, Elaine Aron, Robert Vallone, and Reness Bator, "The Experiental Generation of Interpersonal Closeness: A Procedure and Some Preliminary Findings," *Personality and Social Psychology Bulletin* 23, no. 4 (1997): 363–377, https://doi.org/10.1177/0146167297234003.
20. Mandy Len Catron, "To Fall in Love with Anyone, Do This," *New York Times,* January 9, 2015, https://www.nytimes.com/2015/01/11/fashion/modern-love-to-fall-in-love-with-anyone-do-this.html.
21. Michael Lewis, "How Tom Wolfe Became...Tom Wolfe," *Vanity Fair,* October 8, 2015, https://www.vanityfair.com/culture/2015/10 /how-tom-wolfe-became-tom-wolfe; John McPhee, "Omission," *New Yorker,* September 7, 2015, https://www.newyorker.com/magazine/2015/09/14/omission; Neely Tucker, "How Richard Price Does It: New York Dialogue, Only Better," *Washington Post,* March 1, 2015, https://www.washingtonpost.com/lifestyle/style/how-richard-price-does-it-new-york-dialogue-only-better/2015/03/01/11ad2f04-bdec-11e4-bdfa-b8e8f594e6ee_story.html.
22. Elizabeth Strout, *The Burgess Boys* (New York: Random House, 2014), 160.
23. "Elizabeth Strout, 'Anything Is Possible,' " YouTubevideo, 55:04, posted by Politics and Prose, May 9, 2017, https://www.youtube.com/watch?v=Y_gDv12z4nQ &feature=youtu.be.

第13章

1. "Elephants Can Hear the Sound of Approaching Clouds," BBC,

December 11, 2015, http://www.bbc.com/earth/story/20151115-elephants-can-hear-the-sound-of-approaching-clouds.
2. Lizabeth M. Romanski and Joseph E. LeDoux, "Bilateral Destruction of Neocortical and Perirhinal Projection Targets of the Acoustic Thalamus Does Not Disrupt Auditory Fear Conditioning," *Neuroscience Letters* 142, no. 2 (1992): 228–232, https://doi.org/10.1016/0304-3940(92)90379-L; "Auditory Cortex," *Wikipedia,* last edited March 30, 2019 at 16: 00 UTC, https://en.wikipedia.org/wiki/Auditory_cortex.
3. Judy Duchan, "Carl Wernicke 1848–1905," History of Speech-Language Pathology, University at Buffalo–SUNY, http://www.acsu.buffalo.edu/~duchan/new_history/hist19c/subpages/wernicke.html; Gertrude H. Eggert, *Wernicke's Works on Aphasia: A Sourcebook and Review: Early Sources in Aphasia and Related Disorders, vol. 1* (The Hague: Mouton Publishers, 1977).
4. C. Tang, L. S. Hamilton, and E. F. Chang, "Intonational Speech Prosody Encoding in the Human Auditory Cortex," *Science* 357, no. 6353 (2017): 797–801, https://doi.org/10.1126/science.aam8577.
5. Dana Strait, Nina Kraus, Erika Skoe, and Richard Ashley, "Musical Experience and Neural Efficiency-Effects of Training on Subcortical Processing of Vocal Expressions of Emotion," *European Journal of Neuroscience* 29 (2009): 661–668, https://doi.org/10.1111/j.1460-9568.2009.06617.x.
6. Chao-Yang Lee and Tsun-Hui Hung, "Identification of Mandarin Tones by English-Speaking Musicians and Nonmusicians," *The Journal of the Acoustical Society of America* 124, no. 3235 (2008), https://doi.org/10.1121/1.2990713; Céline Marie, Franco Delogu, Giulia Lampis, Marta Olivetti Belardinelli, and Mireille Besson,

"Influence of Musical Expertise on Segmental and Tonal Processing in Mandarin Chinese," *Journal of Cognitive Neuroscience* 23, no. 10 (2011): 2701–2715.

7. Yaara Yeshurun, Stephen Swanson, Erez Simony, Janice Chen, Christina Lazaridi, Christopher J. Honey, and Uri Hasson, "Same Story, Different Story: The Neural Representation of Interpretive Frameworks," *Psychological Science* 28, no. 3 (2017): 307–319, https://doi.org/10.1177/0956797616682029.

8. J. D. Salinger, "Pretty Mouth and Green My Eyes," *New Yorker*, July 6, 1951, https://www.newyorker.com /magazine /1951/07/14/pretty-mouth-and-green-my-eyes.

9. M. P. Bryden, "An Overview of the Dichotic Listening Procedure and Its Relation to Cerebral Organization," in *Handbook of Dichotic Listening: Theory, Methods and Research,* ed. K. Hugdahl (Oxford, UK: John Wiley & Sons, 1988), 1–43; Gina Geffen, "The Development of the Right Ear Advantage in Dichotic Listening with Focused Attention," *Cortex* 14, no. 2 (1978): 169–177, https://doi.org/10.1016/S0010-9452(78)80042-2.

10. Abdulrahman D. Alzahrani and Marwan A. Almuhammadi, "Left Ear Advantages in Detecting Emotional Tones Using Dichotic Listening Task in an Arabic Sample," *Laterality: Asymmetries of Body, Brain and Cognition* 18, no. 6 (2013): 730–747, https://doi.org/10.1080/1357650X.2012.762373; Teow-Chong Sim and Carolyn Martinez, "Emotion words are remembered better in the left ear." *Laterality: Asymmetries of Body, Brain and Cognition* 10, no. 2 (2005): 149–159, https://doi.org/10.1080 /13576500342000365.

11. Lise Van der Haegen, René Westerhausen, Kenneth Hugdahl,

and Marc Brysbaert "Speech Dominance Is a Better Predictor of Functional Brain Asymmetry Than Handedness: A Combined fMRI Word Generation and Behavioral Dichotic Listening Study," *Neuropsychologia* 51, no. 1 (2013): 91–97, https://doi.org/10.1016/j.neuropsychologia.2012.11.002.

12. James Jerger, "The Remarkable History of Right-Ear Advantage," *Hearing Review* 25, no. 1 (2018): 12–16, http://www.hearingreview.com/2017/12/remarkable-history-right-ear-advantage/.

13. Daniele Marzoli and Luca Tommasi, "Side Biases in Humans (Homo sapiens): Three Ecological Studies on Hemispheric Asymmetries," *Naturwissenschaften* 96, no. 9 (2009): 1099–1106, https://doi.org/10.1007/s00114-009-0571-4.

14. Seth Horowitz, *The Universal Sense: How Hearing Shapes the Mind* (New York: Bloomsbury, 2012), 14.

15. John Carey and Nivee Arnin, "Evolutionary Changes in the Cochlea and Labyrinth: Solving the Problem of Sound Transmission to the Balance Organs of the Inner Ear," *Anatomical Record Part A: Discoveries in Molecular, Cellular, and Evolutionary Biology* 288A, no. 4 (2006), https://doi.org/10.1002/ar.a.20306.

16. Horowitz, *Universal Sense,* 75.

17. Cassie Shortsleeve, "Why It Feels So Damn Good to Stick a Q-tip in Your Ear," *Men's Health,* March 7, 2017, https://www.menshealth.com/health/a19542654/why-sticking-qtips-in-ear-feels-so-good /.

18. "Having an EARGASM by Cleaning Your Ears with a Q-tip," Facebook page, https://www.facebook.com/Having-an-EARGASM-by-cleaning-your-ears-with-a-Q-tip-270935093839/.

19. Chonnettia Jones and Ping Chen, "Chapter Eight Primary Cilia in

Planar Cell Polarity Regulation of the Inner Ear," *Current Topics in Developmental Biology* 85 (2008): 197–224, https://doi.org/10.1016/ S0070-2153(08)00808-9; William Yost, *Fundamentals of Hearing,* 5th ed. (Burlington, MA: Academic Press, 2001): 73–95.

20. Trevor Mcgill and Harold F. Schuknecht, "Human Cochlear Changes in Noise Induced Hearing Loss," *Laryngoscope* 86, no. 9 (1976), https://doi.org/10.1288 /00005537-197609000-00001.

21. "Decibel Exposure Time Guidelines," Dangerous Decibels, http:// dangerousdecibels.org/education/information-center/decibel-exposure-time-guidelines/; "Occupational Noise Exposure Revised Criteria 1998," Centers for Disease Control and Prevention, National Institute for Occupational Safety and Health, https://www.cdc.gov/niosh/ docs/98-126/pdfs/98-126.pdf ?id =10.26616/NIOSHPUB98126.

22. "1.1 Billion People at Risk of Hearing Loss," February 27, 2015, World Health Organization, https://www.who.int/mediacentre/news/ releases/2015/ear-care/en/.

23. "Statistics and Facts About Hearing Loss," Center for Hearing and Communication, http://chchearing.org/facts-about-hearing-loss/.

24. "12 Myths About Hearing Loss," AARP, https://www.aarp.org/health/ conditions-treatments/info-2016/hear-ing-loss-myths-information-kb. html.

25. "Worker Hearing Loss," Centers for Disease Control and Prevention, https://www.cdc.gov/features/worker-hearing-loss/index.html.

26. A. R. Powers, C. Mathys, and P. R. Corlett, "Pavlovian Conditioning–Induced Hallucinations Result from Overweighting of Perceptual Priors," *Science* 357, no. 6351 (2017) : 596–600, https://doi.org /10.1126/science.aan3458; C. E . Seashore, "Measurements of

Illusions and Hallucinations in Normal Life," *Studies from the Yale Psychological Laboratory,* 3 (1895); D. G. Ellson, "Hallucinations Produced by Sensory Conditioning," *Journal of Experimental Psychology* 28, no. 1 (1941) : 1–20, http://dx.doi.org/10.1037/h0054167; H.V. Helmholz, *Treatise on Physiological Optics, vol. 3* (New York: Dover, 1962); "Researchers Explore What Happens When People Hear Voices That Others Don't," *Yale News,* August 10, 2017, https://news.yale.edu/2017/08/10/researchers-explore-what-happens-when-people-hear-voices-others-dont.

27. Oliver Sacks, "Mishearings," *New York Times,* June 5, 2015, https://www.nytimes.com/2015/06/07/opinion/oliver-sacks-mishearings.html.
28. Sylvia Wright, "The Death of Lady Mondegreen," in *Get Away from Me with Those Christmas Gifts* (New York: McGraw Hill, 1957).
29. Kaisa Tippana, "What Is the McGurk Effect?," *Frontiers in Psychology* 5, no. 725 (2014), https://doi.org/10.3389/fpsyg.2014.00725. See also: "Try The McGurk Effect!-Horizon: Is Seeing Believing?," YouTube video, 3:25, posted by BBC, November 10, 2010, https://www.youtube.com/watch?v=G-lN8vWm3m0.
30. Andrea Ciorba, Chiara Bianchini, Stefano Pelucchi, and Antonio Pastore, "The Impact of Hearing Loss on the Quality of Life of Elderly Adults," *Clinical Interventions in Aging* 7 (2017): 159–163, https://doi.org/10.2147/CIA.S26059; "Hearing Loss Impact," Cleveland Clinic, https://my.clevelandclinic.org/health/diseases/17052-hearing-loss-impact; Mary Kaland and Kate Salvatore, "The Psychology of Hearing Loss," *ASHA Leader,* March 1, 2002, https://doi.org/10.1044/leader.FTR1.07052002.4.
31. "Make Listening Safe," World Health Organization, https://www.who.

int/pbd/deafness/activities/1706_PBD_leaftlet_A4_English_lowres_ for_web170215.pdf.
32. Daniel F. McCarter, Angela Courtney, Susan M Pollart, "Cerumen Impaction," *American Family Physician* 75, no. 10 (2007): 1523–1528.
33. Ruth Campbell, "The Processing of Audio-Visual Speech: Empirical and Neural Bases," *Philosophical Transactions of the Royal Society B* 363, no. 1493 (2008): 1001–1010, https://doi.org/10.1098/rstb.2007.2155.
34. Paul Johns, *Clinical Neuroscience* (London: Churchill Livingston, 2014), 27–47.
35. Horst M. Müller, "Neurobiological Aspects of Meaning Constitution During Language Processing," in *Situated Communication,* eds. Gert Rickheit and Ipke Wachsmuth (New York: Mouton de Gruyter, 2006), 243; David Owen, "High-Tech Hope for the Hard of Hearing," *New Yorker*, March 27, 2017, https://www.newyorker.com/magazine/2017/04/03/high-tech-hope-for-the-hard-of-hearing.
36. Albert Mehrabian, *Silent Messages: Implicit Communication of Emotions and Attitudes* (Belmont, CA: Wadsworth Publishing, 1981), 75–80 ; Dilip Sundaram and Cynthia Webster, "The Role of Nonverbal Communication in Service Encounters," *Journal of Services Marketing* 14, no. 5 (2000): 378–391, https://doi.org/10.1108/08876040010341008; Cynthia Barnum and Natasha Wolniansky, "Taking Cues from Body Language," *Management Review* 78, no. 6 (1989): 59–61; Jon E. Grahe and Frank J. Bernieri, "The Importance of Nonverbal Cues in Judging Rapport," *Journal of Nonverbal Behavior* 23, no. 4 (1999): 253–269, https://doi.org/10.1023/A:1021698725361.

37. John O'Neill, *The Domestic Economy of the Soul: Freud's Five Case Studies* (Thousand Oaks, CA: Sage, 2011), 67.
38. Irenaus Eibl-Eibesfeldt, *Love and Hate: A Natural History of Behavior Patterns (Foundations of Human Behavior), 1st ed.* (New York: Routledge, 2017); Charles Darwin, *The Expression of the Emotions in Man and Animals* (New York: Oxford University Press, 1998).
39. C. Fabian Benitez-Quiroz, Ronnie B. Wilbur, and Aleix M. Martinez, "The Not Face: A Grammaticalization of Facial Expressions of Emotion," *Cognition* 150 (2016): 77–84, https://doi.org/10.1016/j.cognition.2016.02.004.
40. Alice Schermerhorn, "Associations of Child Emotion Recognition with Interparental Conflict and Shy Child Temperament Traits," *Journal of Social and Personal Relationships* (2018), https://doi.org/10.1177/0265407518762606.
41. Kyung-Seu Cho and Jae-Moo Lee, "Influence of Smartphone Addiction Proneness of Young Children on Problematic Behaviors and Emotional Intelligence: Mediating Self-Assessment Effects of Parents Using Smartphones," *Computers in Human Behavior* 66 (2017): 303–311, https://doi.org/10.1016/j.chb.2016.09.063; Elisabeth Engelberg and Lennart Sjöberg, "Internet Use, Social Skills, and Adjustment," *Cyberpsychology & Behavior* 7, no. 1 (2004): 41–47, https://doi.org/10.1089/109493104322820101.
42. Yalda T. Uhls, Minas Michikyan, Jordan Morris, Debra Garcia, Gary W. Small, Eleni Zgourou, and Patricia M. Greenfield, "Five Days at Outdoor Education Camp Without Screens Improves Preteen Skills with Nonverbal Emotion Cues," *Computers in Human Behavior* 39 (2014): 387–392, https://doi.org/10.1016/j.chb.2014.05.036.

43. Carlos Benitez-Quiroz, Ramprakash Srinivasan, and Aleix M. Martinez, "Facial Color Is an Efficient Mechanism to Visually Transmit Emotion," *Proceedings of the National Academy of Sciences* 115, no. 14 (2018): 3581–3586, https://doi.org/10.1073/pnas.1716084115.
44. Mehrabian, *Silent Messages, 75–80.*
45. Sascha Segan, "How to Make Your Cell Phone Calls Sound Better," *PC Magazine,* April 13, 2018, https://www.pcmag.com/article/360357/how-to-make-your-cell-phone-calls-sound-better.

第 14 章

1. Jon E. Grant and Samuel R. Chamberlain, "Expanding the Definition of Addiction: DSM-5 vs. ICD-11," *CNS Spectrums* 21, no. 4 (2016): 300–303, https://doi.org/10.1017/S1092852916000183.
2. Rebecca McMillan, Scott Barry Kaufman, and Jerome L. Singer, "Ode to Positive Constructive Daydreaming," *Frontiers in Psychology* 4 (2013): 626, https://doi.org/10.3389/fpsyg.2013.00626; Claire Zedelius and Jonathan Schooler, "The Richness of Inner Experience: Relating Styles of Daydreaming to Creative Processes," *Frontiers in Psychology* 6 (2016): 2063, https://doi.org/10.3389/fpsyg.2015.02063; Christopher R. Long and James R. Averill, "Solitude: An Exploration of Benefits of Being Alone," *Journal for the Theory of Social Behaviour* 33, no. 1 (2003): 21–44, https://doi.org/10.1111/1468-5914.00204; Samantha Boardman, "Why Doing Nothing Is So Scary—And So Important," *Wall Street Journal,* June 20, 2016, https://blogs.wsj.com/experts/2016/06/20/why-doing-nothing-is-so-scary-and-so-important/.

3. Ingrid Wickelgren, "Delivered in a Daydream: 7 Great Achievements That Arose from a Wandering Mind," *Scientific American,* February 17, 2011, https://www.scientificamerican.com/article/achievements-of-wandering-minds/.
4. Maria Popova, "The Art of Constructive Daydreaming," *Brainpickings,* October 9, 2013, https://www.brainpickings.org/2013/10/09/mind-wandering-and-creativity/.
5. "Microsoft Attention Spans Research Report," Scribd, https://www.scribd.com/document/265348695/Microsoft-Attention-Spans-Research-Report.
6. Simon Maybin, "Busting the Attention Span Myth," *BBC World Service,* March 10, 2017, https://www.bbc.com/news/health-38896790.
7. Shawn Lim, " 'We Have to Focus on the Data': Adobe on the Industry's Short Attention Span," *The Drum,* March 8, 2019, https://www.thedrum.com/news/2019/03/08/we-have-focus-the-data-adobe-the-industrys-short-attention-span; Milana Saric, "How Brands Can Still Win Over Customers as Attention Spans Decrease on Social," *AdWeek,* November 21, 2017, https://www.adweek.com/brand-marketing/how-brands-can-still-win-over-customers-as-attention-spans-decrease-on-social/; Michelle Castillo, "Millennials Only Have a 5-Second Attention Span for Ads, Says comScore CEO," *CNBC,* July 21, 2017, https://ww.cnbc.com/2017/07/21/comscore-ceo-millennials-need-5-to-6-second-ads-to-hold-attention.html.
8. Chartbeat proprietary data.
9. Louise Ridley, "People Swap Devices 21 Times an Hour, Says OMD," *Campaign,* January 3, 2014, https://www.campaignlive.co.uk/article/people-swap-devices-21-times-hour-says-omd/1225960?src_

site=brandrepublic.
10. Tim Wu, *The Attention Merchants: The Epic Scramble to Get Inside Our Heads* (New York: Alfred A. Knopf, 2016); Nir Eyal, *Hooked: How to Build Habit-Forming Products*, ed. Ryan Hoover (New York: Portfolio/Penguin, 2014); Henry Farrell, "It's No Accident Facebook Is So Addictive," *Washington Post,* August 6, 2018, https://www.washingtonpost.com/news/monkey-cage/wp/2018/08/06/its-no-accident-that-facebook-is-so-addictive/; "Why Can't We Put Down Our Smartphones?," *60 Minutes,* April 7, 2017, https://www.cbsnews.com/news/why-cant-we-put-down-our-smartphones-60-minutes/.
11. Kate Murphy, "The Ad-Blocking Wars," *The New York Times*, February 20, 2016, https://www.nytimes.com/2016/02/21/opinion/sunday/the-ad-blocking-wars.html; George P. Slefo, "Six Leading Exchanges Sign Transparency Pact, But Fraud Concerns Remain," *AdAge*, October 18, 2018, https://adage.com/article/digital/exchanges-sign-letter-invite-fraudsters/315308.
12. Debra Worthington and Margaret Fitch-Hauser, *Listening: Processes, Functions and Competency* (New York: Routledge, 2016), 4–5.
13. Megan Garber, "The Rise of 'Speed-Listening,' " *Atlantic,* June 24, 2015, https://www.theatlantic.com/technology/archive/2015/06/the-rise-of-speed-listening/396740/.
14. Judi Brownell, *Listening: Attitudes, Principles, and Skills* (New York: Routledge, 2018), 90.
15. Andrew Przybylski and Netta Weinstein, "Can You Connect with Me Now? How the Presence of Mobile Communication Technology Influences Face-to-Face Conversation Quality," *Journal of Social and Personal Relationships* 30, no. 3 (2013): 237–246, https://doi.

org/10.1177/0265407512453827.
16. Amy Novotney, "Smartphone = Not-So-Smart Parenting?," *American Psychology Association* 47, no. 2 (2016), https://www.apa.org/monitor/2016/02/smartphone.
17. "Noise Level in Restaurants," National Institute on Deafness and Other Communication Disorders, July 22, 2016, https://www.noisyplanet.nidcd.nih.gov/have-you-heard/noise-levels-restaurants; Tiffany Hsu, "Noisy Restaurants: Taking the Din Out of Dinner," *Los Angeles Times,* June 8, 2012, https://www.latimes.com/food/la-xpm-2012-jun-08-la-fi-restaurant-noise-20120504-story.html; Jill Lightner, "Yup, Seattle's Restaurants Have Gotten Noisier: How to Reverse This Trend? We're All Ears," *Seattle Times,* February 26, 2019, https://www.seattletimes.com/life/food-drink/your-suspicions-are-right-seattle-restaurants-are-getting-noisier-how-to-reverse-this-trend-were-all-ears/; Julia Beliuz, "Why Restaurants Became So Loud—And How to Fight Back," *Vox,* July 27, 2018, https://www.vox.com/2018/4/18/17168504/restaurants-noise-levels-loud-decibels; Kate Wagner, "How Restaurants Got So Loud," *Atlantic,* November 27, 2018, https://www.theatlantic.com/technology/archive/2018/11/how-restaurants-got-so-loud/576715/; Jonathan Kauffman, "Are San Francisco Restaurants Too Loud? A New App Helps Diners Navigate the Noise," *San Francisco Chronicle,* December 21, 2018, https://www.sfchronicle.com/restaurants/article/sf-restaurants-quictest-lord-app-soundprint-which-134759280php.
18. "Zagat Releases 2018 Dining Trends Survey," *Zagat* (blog), January 8, 2018, https://zagat.googleblog.com/2018/01/zagat-releases-2018-dining-trends-survey.html.
19. Nanette Stroebele and John M. De Castro, "Effect of Ambience on

Food Intake and Food Choice," *Nutrition* 20, no. 9 (2004): 821–838, https://doi.org/10.1016/j.nut.2004.05.012; Thomas Roballey, Colleen McGreevy, Richard R. Rongo, Michelle L. Schwantes, Peter J. Steger, Marie Wininger, and Elizabeth Gardner, "The Effect of Music on Eating Behavior," *Bulletin of the Psychonomic Society* 23, no. 3 (1985): 221–222, https://doi.org/10.3758/BF03329832; Dipayan Biswas, Kaisa Lund, and Courtney Szocs, "Sounds Like a Healthy Retail Atmospheric Strategy: Effects of Ambient Music and Background Noise on Food Sales," *Journal of the Academy of Marketing Science* 47, no. 1 (2019): 37–55, https://doi.org/10.1007/s11747-018-0583-8.

20. Richard Yalch and Eric Spangenberg, "Effects of Store Music on Shopping Behavior," *Journal of Consumer Marketing* 7, no. 2 (1990): 55–63, https://doi.org/10.1108/EUM0000000002577; Emily Anthes, "Outside In: It's So Loud, I Can't Hear My Budget!," *Psychology Today,* June 9, 2016, https://www.psychologytoday.com/us/articles/201009/outside-in-its-so-loud-i-cant-hear-my-budget; Charlotte Kemp, "Why are High Street shops so NOISY? As M&S Bans Muzak, Our Test Shows Other Stores Are Nearly as Deafening as Nightclubs," *Daily Mail,* June 2, 2016, https://www.dailymail.co.uk/femail/article-3620719/Why-High-Street-shops-NOISY-M-S-bans-Muzak-test-shows-stores-nearly-deafening-nightclubs.html; Richard F. Yalch and Eric Spangenberg, "Using Store Music for Retail Zoning: A Field Experiment," in *NA—Advances in Consumer Research, vol. 20*, ed. Leigh McAlister and Michael L. Rothschild (Provo, UT: Association for Consumer Research: 1993), 632–636.

21. Dominique Lamy, Liad Mudrik, and Leon Y. Deouell, "Unconscious

Auditory Information Can Prime Visual Word Processing: A Process-Dissociation Procedure Study," *Consciousness and Cognition* 17, no. 3 (2008): 688–698, https: //doi.org/10.1016/j.concog.2007.11.001; Christine Rosen, "The Myth of Multitasking," *New Atlantis* 20 (2008): 105–110 ; Loukia Loukopoulos, R. Key Dismukes, and Immanuel Barshi, *The Multitasking Myth: Handling Complexity in Real-World Operations* (New London: Routledge, 2016).

22. Daniel Kahneman, *Thinking Fast and Slow* (New York: Farrar, Straus and Giroux, 2011), 23.

23. Sharon Fruh, Jayne A. Fulkerson, Madhuri S. Mulekar, Lee Ann J. Kendrick, and Clista Clanton, "The Surprising Benefits of the Family Meal," *Journal for Nurse Practitioners* 7, no. 1 (2011): 18–22, https://doi.org/10.1016/j.nurpra.2010.04.017; Megan Harrison, Mark L. Norris, Nicole Obeid, Maeghan Fu, Hannah Weinstangel, and Margaret Sampson, "Systematic Review of the Effects of Family Meal Frequency on Psychosocial Outcomes in Youth," *Canadian Family Physician* 61, no. 2 (2015): e96–e106; https://www.cfp.ca/content/61/2/e96; Barbara Fiese and Marlene Schwartz, "Reclaiming the Family Table: Mealtimes and Child Health and Wellbeing," *Social Policy Report* 22, no. 4 (2008). https://doi.org/10.1002/j.2379-3988.1008.tb00057.x.

24. Eudora Welty and Ronald Sharp, eds., *Norton Book of Friendship* (New York: W. W. Norton, 1991).

25. "Dallas Police Chief Holds a News Conference," CNN, July 11, 2016, http://transcripts.cnn.com/TRANSCRIPTS/1607/11/ath.02.html; "David Brown Press Conference on July 11, 2016," YouTube video, 49:16, posted by "brimi925," July 13, 2016, https://www.youtube.com

/watch?v=p_uYQIMpIn4.
26. " 'Called to Rise': Dallas Police Chief on Overcoming Racial Division," *All Things Considered,* NPR, June 6, 2017, https://www.npr.org/2017/06/06/531787065/called-to-rise-dallas-police-chief-on-overcoming-racial-division.

第 15 章

1. Stephen Levinson and Francisco Torreira, "Timing in Turn-Taking and Its Implications for Processing Models of Language," *Frontiers in Psychology* 6 (2015): 731, https://doi.org/10.3389/fpsyg.2015.00731.
2. Jan Peter De Ruiter, Holger Mitterer, and Nick J. Enfield, "Projecting the End of a Speaker's Turn: A Cognitive Cornerstone of Conversation," *Language* 82, no. 3 (2006): 515–535, https://doi.org/10.1353/lan.2006.0130; Carina Riest, Annett B. Jorschick, and Jan P. de Ruiter, "Anticipation in Turn-Taking: Mechanisms and Information Sources," *Frontiers in Psychology* 6 (2015): 89, https://doi.org/10.3389/fpsyg.2015.00089.
3. Takie Sugiyama Lebra, "The Cultural Significance of Silence in Japanese Communication," *Multilingua: Journal of Cross-Cultural and Interlanguage Communication* 6, no. 4 (1987): 343–358, https://doi.org/10.1515/mult.1987.6.4.343.
4. Haru Yamada, "Yappari, as I Thought: Listener Talk in Japanese Communication," *Global Advances in Business Communication* 4, no. 1 (2015): 3, https://commons.emich.edu/gabc/vol4/iss1/3.
5. Sachiko Ohtaki, Toshio Ohtaki, and Michael D. Fetters, "Doctor-

Patient Communication: A Comparison of the USA and Japan," *Family Practice* 20, no. 3 (2003): 276–282, https://doi.org/10.1093/fampra/cmg308.

6. Larry Samovar, Edwin R. McDaniel, Richard E. Porter, and Carolyn Sexton Roy, *Communication Between Cultures* (Ontario, Canada: Nelson Education, 2015), 334.

7. Diana Petkova, "Beyond Silence: A Cross-Cultural Comparison Between Finnish 'Quietude' and Japanese 'Tranquility,' " *Eastern Academic Journal* 4 (2015): 1–14, https://www.academia.edu/19764499/Beyond_Silence._A_Cross-Cultural_Comparison_between_Finnish_Quietude_and_Japanese_Tranquility; Donal Carbaugh, Michael Berry, and Marjatta Nurmikari-Berry, "Coding Personhood Through Cultural Terms and Practices: Silence and Quietude as a Finnish 'Natural Way of Being,' " *Journal of Language and Social Psychology* 25, no. 3 (2006): 203–220, https://doi.org /10.1177/0261927X06289422.

8. Namkje Koudenburg, Tom Postmes, and Ernestine H. Gordijn, "Conversational Flow Promotes Solidarity," *PLOS One* 8, no. 11 (2013): e78363, https://doi.org/10.1371/journal.pone.0078363.

9. Namkje Koudenburg, Tom Postmes, and Ernestine H. Gordijn. "Beyond Content of Conversation: The Role of Conversational Form in the Emergence and Regulation of Social Structure," *Personality and Social Psychology Review* 21, no. 1 (2017): 50–71, https://doi.org/10.1177/1088868315626022.

10. Felcia Roberts, Alexander L. Francis, and Melanie Morgan, "The Interaction of Inter-Turn Silence with Prosodic Cues in Listener Perceptions of 'Trouble' in Conversation," *Speech Communication* 48, no. 9 (2006): 1079–1093, https://doi.org/10.1016/j.specom.2006.

02.001.
11. Namkje Koudenburg, Tom Postmes, and Ernestine H. Gordijn, "Resounding Silences: Subtle Norm Regulation in Everyday Interactions," *Social Psychology Quarterly* 76, no. 3 (2013): 224–241, https://doi.org/10.1177/0190272513496794.
12. Kim Scott, *Radical Candor* (New York: St. Martin's Press, 2017), 83.
13. Namkje Koudenburg, Tom Postmes, and Ernestine H. Gordijn, "Disrupting the Flow: How Brief Silences in Group Conversations Affect Social Needs," *Journal of Experimental Social Psychology* 47, no. 2 (2011): 512–515, https://doi.org/10.1016/j.jesp.2010.12.006.
14. "Gustav Mahler himself in the Netherlands (1903, 1904, 1906, 1909 and 1910)," Mahler Foundation Archive, https://mahlerfoundation.info/index.php/plaatsen/241-netherlands/amster-dam/1511-gustav-mahler-himself-in-amsterdam.
15. Theodor Reik, *Listening with the Third Ear* (New York: Farrar, Straus and Giroux, 1948), 121–127.
16. R. Murray Schafer, *Ear Cleaning: Notes for an Experimental Music Course* (Toronto, Canada: Clark & Cruickshank, 1967).

第 16 章

1. Robin Dunbar, "Gossip in Evolutionary Perspective," *Review of General Psychology* 8, no. 2 (2004): 100–110, https://doi.org/10.1037/1089-2680.8.2.100; Nicholas Emler, "Gossip, Reputation, and Social Adaptation," in *Good Gossip,* ed. R. F. Goodman and A. Ben-Ze'ev (Lawrence, KS: University Press of Kansas, 1994), 117–138; Viatcheslav

Wlassoff, "This Is Your Brain on Gossip," PsychCentral, July 11, 2018, https://psychcentral.com/blog/this-is-your-brain-on-gossip/; Freda-Marie Hartung, Constanze Krohn, and Marie Pirschtat, "Better Than Its Reputation? Gossip and the Reasons Why We and Individuals with 'Dark' Personalities Talk About Others," *Frontiers in Psychology* 10 (2019): 1162, https://doi.org/10.3389/fpsyg.2019.01162.

2. Eyal Eckhaus and Batia Ben-Hador, "Gossip and Gender Differences: A Content Analysis Approach," *Journal of Gender Studies* 28, no. 1 (2019): 97–108, https://doi.org/10.1080/09589236.2017.1411789.

3. Jan Engelmann, Esther Herrmann, and Michael Tomasello, "Preschoolers Affect Others' Reputations Through Prosocial Gossip," *British Journal of Developmental Psychology* 34, no. 3 (2016): 447–460, https://doi.org/10.1111/bjdp.12143.

4. Marianee Jaeger, Anne A. Skleder, Bruce Rind, and Ralph L. Rosnow, "Gossip, Gossipers, Gossipees," in *Good Gossip,* ed. R. F. Goodman and A. Ben-Ze'ev (Lawrence, KS: University Press of Kansas, 1994); Jordan Litman and Mark V. Pezzo, "Individual Differences in Attitudes Towards Gossip," *Personality and Individual Differences* 38, no. 4 (2005): 963–980, https://doi.org/10.1016/j.paid.2004.09.003; Francis McAndrew, Emily K. Bell, and Contitta Maria Garcia, "Who Do We Tell and Whom Do We Tell On? Gossip as a Strategy for Status Enhancement," *Journal of Applied Social Psychology* 37, no. 7 (2007): 1562–1577, https://doi.org/10.1111/j.1559-1816.2007.00227.x.

5. Elena Martinescu, Onne Janssen, and Bernard A. Nijstad, "Tell Me the Gossip: The Self-Evaluative Function of Receiving Gossip About Others," *Personality and Social Psychology Bulletin* 40, no. 12 (2014):

1668–1680, https://doi.org/10.1177/0146167214554916.
6. Roy Baumeister, Liqing Zhang, and Kathleen D. Vohs, "Gossip as Cultural Learning," *Review of General Psychology* 8, no. 2 (2004): 111–121, https://doi.org/10.1037/1089-2680.8.2.111.
7. Matthew Feinberg, Robb Willer, and Michael Schultz, "Gossip and Ostracism Promote Cooperation in Groups," *Psychological Science* 25, no. 3 (2014): 656–664, https://doi.org/10.1177/0956797613510184.
8. Miguel Fonseca and Kim Peters, "Will Any Gossip Do? Gossip Does Not Need to Be Perfectly Accurate to Promote Trust," *Games and Economic Behavior* 107 (2018): 253–281, https://doi.org/10.1016/j.geb.2017.09.015.
9. Baumeister et al., "Gossip as Cultural Learning."
10. Robin Dunbar, Anna Marriott, and Neil Duncan, "Human Conversational Behavior," *Human Nature* 8, no. 3 (1997): 231–246, https://doi.org/10.1007/BF02912493.
11. Robin Dunbar, *Grooming, Gossip, and the Evolution of Language* (Cambridge, MA: Harvard University Press, 1998).
12. Robin Dunbar and Daniel Nettle, "Size and Structure of Freely Forming Conversational Groups," *Human Nature* 6, no. 1 (1995): 67–78, https://doi.org/10.1007/BF02734136.
13. Frederico Boffa and Stefano Castriota, "The Economics of Gossip and Collective Reputation," *The Oxford Handbook of Gossip and Reputation* (2019): 401, https://www.doi.org/10.1093/oxfordhb/9780190494087.013.21; Ronald Burt and Marc Knez, "Trust and Third-Party Gossip," in *Trust in Organizations: Frontiers of Theory and Research*, eds. Roderick Kramer and Tom Tyler (Thousand Oaks, CA: Sage,1996), 68–89; Ronald Burt, "Bandwidth and Echo: Trust, Information, and Gossip in Social Networks," in *Networks*

and Markets: Contributions from Economics and Sociology, eds. A. Casella and J. E. Rauch (New York: Russell Sage Foundation, 2001), 30–74; Charlotte De Backer and Michael Gurven, "Whispering Down the Lane: The Economics of Vicarious Information Transfer," *Adaptive Behavior* 14, no. 3 (2006): 249–264, https://doi.org/10.1177/1059712306014 00303.

14. Peter Blau, *Exchange and Power in Social Life* (New York: Routledge, 2017).
15. Bettina Bergo, "Emmanuel Levinas," *Stanford Encyclopedia of Philosophy*, fall 2017, ed. Edward N. Zalta, https://plato.stanford.edu/archives/fall2017/entries/levinas/.
16. Michael Tomasello, *A Natural History of Human Morality* (Cambridge, MA: Harvard University Press, 2016).
17. Pascal Bruckner, *The Temptation of Innocence: Living in the Age of Entitlement* (New York: Algora Publishing, 2000), 19.
18. Deborah Solomon, "The Science of Second-Guessing," *New York Times*, December 12, 2004, https://www.nytimes.com/2004/12/12/magazine/the-science-of-secondguessing.html.
19. Mike Morrison, Kai Epstude, and Neal J. Roese, "Life Regrets and the Need to Belong," *Social Psychological and Personality Science* 3, no. 6 (2012): 675–681, https://doi.org/10.1177/1948550611435137.
20. Amy Summerville, "The Rush of Regret: A Longitudinal Analysis of Naturalistic Regrets," *Social Psychological and Personality Science* 2, no. 6 (2011): 627–634, https://doi.org/10.1177/1948550611405072.
21. Susan Shimanoff, "Commonly Named Emotions in Everyday Conversations," *Perceptual and Motor Skills* 58, no. 2 (1984): 514, http://dx.doi.org/10.2466/pms.1984.58.2.514; Susan Shimanoff,

"Expressing Emotions in Words: Verbal Patterns of Interaction," *Journal of Communication* 35, no. 3 (1985), http://dx.doi.org/10.1111/j.1460-2466.1985.tb02445.x.

第 17 章

1. Kate Murphy, "The Fake Laugh," *New York Times,* October 20, 2016. https://www.nytimes.com/2016/10/23/opinion/sunday/the-science-of-the-fake-laugh.html.
2. George Eliot, *Middlemarch* (New York: Harper & Brothers, 1873), 70.
3. H. Paul Grice, *Studies in the Way of Words* (Cambridge, MA: Harvard University Press, 1991); H. Paul Grice, "Logic and Conversation," in *Speech Acts,* ed. P. Cole and J. L. Morgan (New York: Academic Press, 1975), 41–58.
4. Geoffrey Leech, *Principles of Pragmatics* (New York: Routledge, 2016); Penelope Brown and Stephen C. Levinson, *Politeness: Some Universals in Language Usage,* vol. 4 (Cambridge, UK: Cambridge University press, 1987).
5. Kate Murphy, "Why Tech Support Is (Purposely) Unbearable," *New York Times,* July 3, 2016, https://www.nytimes.com/2016/07/04/technology/why-tech-support-is-purposely-unbearable.html.
6. Ralph Waldo Emerson, *The Collected Works of Ralph Waldo Emerson: Society and Solitude* (Cambridge, MA: Belknap Press, 2007), 150.
7. Thomas Fuchs and Hanne De Jaegher, "Enactive Intersubjectivity: Participatory Sense-Making and Mutual Incorporation," *Phenomenology and the Cognitive Sciences* 8, no. 4 (2009): 465–486,

https://doi.org/10.1007/s11097-009-9136-4; Alex Pentland, "Social Dynamics: Signals and Behavior," in *Proceedings of the Third International Conference on Developmental Learning (ICDL'04)*, Salk Institute, San Diego, UCSD Institute for Neural Computation (2004): 263–267.

8. Robert Zajonc, "Feeling and Thinking: Preferences Need No Inferences," *American Psychologist* 35, no. 2 (1980): 151, http://dx.doi.org/10.1037/0003-066X.35.2.151.

9. Alexander Nehamas, *On Friendship* (New York: Basic Books, 2016).

10. Amy Bloom, *Love Invents Us* (New York: Vintage, 1998), 205.

11. Sandra Petronio and Wesley T. Durham, "Communication Privacy Management Theory Significance for Interpersonal Communication," in *Engaging Theories in Interpersonal Communication: Multiple Perspectives,* ed. Dawn Braithwaite and Paul Schrodt (Thousand Oaks, CA: Sage, 2014), 335–347; Sandra Petronio and Jennifer Reierson, "Regulating the Privacy of Confidentiality: Grasping the Complexities Through Communication Privacy Management Theory," in *Uncertainty, Information Management, and Disclosure Decisions: Theories and Applications,* ed. T. A. Afifi and W. A. Afifi (New York: Routledge, 2009), 365–383; Lindsey Susan Aloia, "The Emotional, Behavioral, and Cognitive Experience of Boundary Turbulence," *Communication Studies* 69, no. 2 (2018): 180–195, https://doi.org/10.1080/10510974.2018.1426617.

12. Tara Collins and Omri Gillath, "Attachment, Breakup Strategies, and Associated Outcomes: The Effects of Security Enhancement on the Selection of Breakup Strategies," *Journal of Research in Personality* 46, no. 2 (2012): 210–222, https://doi.org/10.1016/

j.jrp.2012.01.008.

结束语

1. Jean Piaget, *Language and Thought of the Child: Selected Works,* trans. Marjorie and Ruth Gabain (New York: Routledge, 2002), 1–30.
2. Henry David Thoreau, "Life Without Principle," American Studies Collection, University of Virginia, http://xroads.virginia.edu/~hyper2/thoreau/life.html.